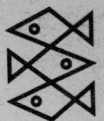

W0230832

Über dieses Buch

Je mehr wir verdienen, desto weniger müssen wir arbeiten, desto mehr
Freizeit haben wir also. Wenn unsere Arbeitszeit immer weniger wird,
wird die Zeit der Muße immer mehr. Und da ein Utopia des Müßiggangs
uns allen attraktiv erscheint, wird uns von einer »gesunden« Wirtschaftspolitik verordnet, die Wachstumsraten weiter zu erhöhen; und gebannt
verfolgen wir die Entwicklung der Indexziffern des Bruttosozialprodukts.
All diese Regeln sind falsch, behauptet der schwedische Volkswirt Professor
Staffan B. Linder in dem vorliegenden Buch, das die amerikanische Kritik
als »eine Bombe« bezeichnet hat. Gegen alle Erwartungen führt das wirtschaftliche Wachstum zu einem Zuviel an Luxus und einem Zuwenig an
Zeit. Das Wirtschaftswachstum hat uns kein Utopia der Muße gebracht,
sondern tatsächlich Zeitknappheit und ein immer hektischeres Tempo.
Linders Arbeit ist eine faszinierende Analyse über den knappen Rohstoff Zeit.

Über den Autor

Professor Staffan Burrestam Linder, Schwede, geboren 1931, studierte Volkswirtschaft erst in Stockholm, dann in den USA. War dort Gastprofessor der
Yale-University und der Columbia University. Sein bevorzugtes Forschungs-
gebiet ist der internationale Handel. Langjähriger Berater einer großen
schwedischen Geschäftsbank und zeitweise im Aufsichtsrat der schwedischen
»Riksbank« (Zentralbank). Er ist politisch engagiert in der »Moderata
Samlings Partiet«. Mitglied des Schwedischen Reichstages.

Staffan B. Linder

Warum wir keine Zeit mehr haben

Das Linder-Axiom

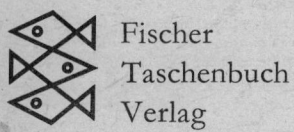

Fischer
Taschenbuch
Verlag

Fischer Taschenbuch Verlag
November 1973
Ungekürzte Ausgabe

Umschlagentwurf: Jan Buchholz/Reni Hinsch

Titel der amerikanischen Originalausgabe: »The Harried Leisure Class«
Nach der schwedischen Ausgabe übersetzt von Hans-Joachim Maass
und bearbeitet von Christian Röthlingshöfer-Spiel

Fischer Taschenbuch Verlag GmbH, Frankfurt am Main
Lizenzausgabe mit freundlicher Genehmigung
der Verlagsgruppe Bertelsmann GmbH/Bertelsmann Sachbuchverlag, Gütersloh-Wien, 1971
© 1970 Columbia University Press, New York und London
Alle deutschen Rechte bei der Verlagsgruppe Bertelsmann GmbH, Gütersloh-Wien
Gesamtherstellung: Hanseatische Druckanstalt GmbH, Hamburg
Printed in Germany
ISBN 3 436 01796 5

Inhalt

Bisher mußten wir uns gegen die Natur behaupten,
von nun an müssen wir uns gegen unsere eigene Natur behaupten.

Dennis Gabor, Inventing the future

1 Die zunehmende Zeitknappheit

Auf Wiedersehen, mein Herr, Entschuldigung, ich hab' keine Zeit.
Ich komme wieder, ich kann nicht mehr warten, ich hab' keine Zeit.
Ich muß diesen Brief schließen – ich hab' keine Zeit.
Ich würde Ihnen zu gern helfen, aber ich hab' keine Zeit.
Ich kann nicht annehmen, denn ich habe keine Zeit.
Ich kann nicht denken, ich kann nicht lesen, mir wächst alles über den
Kopf, ich hab' keine Zeit.
Ich möchte beten, aber ich hab' keine Zeit.

Michel Quoist[1]

Wohlstandsparadoxe

Bislang hat man immer gedacht, daß eine der segensreichen Wirkungen der Wirtschaftsblüte ein Leben der Ruhe und Harmonie
sein werde – ein Leben in Arkadien. Aber genau das Gegenteil
ist eingetreten. Das Tempo wird immer schneller, das Leben
immer hektischer. Früher hat man angenommen, daß die Menschen mit zunehmendem Wohlstand allmählich weniger an weiteren Einkommenssteigerungen interessiert sein würden. Aber in
den reichen Ländern ist noch stärkeres Wirtschaftswachstum zum
dominierenden Ziel in der Wirtschaftspolitik geworden, und auch
im privaten Bereich streben wir nach wachsendem Wohlstand.
Immer mehr Berufstätige sind im Dienstleistungssektor beschäftigt, und trotzdem stellen wir auf allen Gebieten eine ständige
Verschlechterung der Dienstleistungen fest. So fällt es beispielsweise älteren Menschen immer schwerer, die für sie so wichtigen
»Dienstleistungen« – Pflege und Fürsorge – zu erhalten. In unserer
sogenannten Dienstleistungsgesellschaft wird in Wahrheit das
Wegwerfsystem auf allen Ebenen praktiziert, sogar auf der
menschlichen. Lange Zeit hegte man die optimistische Hoffnung,
daß die Beseitigung wirtschaftlicher Sorge zu einem umfassenden
kulturellen Aufschwung führen würde. Dabei haben nicht einmal
die intellektuell und emotional dazu Befähigten auch nur die
geringste Neigung gezeigt, sich um die Entwicklung von Geist
und Psyche zu bemühen. Die Tendenz geht eher in die entgegengesetzte Richtung. Dies sind nur einige Beispiele erstaunlicher
Phänomene in den reichen Ländern. Sie scheinen paradox, denn

sie fügen sich ganz und gar nicht in das Bild, das wir uns bisher vom Leben im Wohlstand gemacht haben. Die Erklärung für diese und andere Anomalien unserer Gegenwart liegt in einem Umstand, den man bislang völlig außer acht gelassen hat: der zunehmenden Zeitknappheit. Weil Zeit ja nicht unbeschränkt zur Verfügung steht und weil wir an sie immer höhere Ansprüche stellen, ist unser Wohlstand nur ein partieller, kein totaler, wie wir offenbar meinen. Er besteht nur aus einem reichen Angebot an Waren. Der Gedanke des »totalen Wohlstands« ist ein logischer Trugschluß.

Die Zeit als knappes »Versorgungsgut«

In den Naturwissenschaften gibt der Zeitbegriff seine besonderen Probleme auf. Mit diesem Problem brauchen wir uns hier jedoch nicht zu beschäftigen. Für unsere Zwecke genügt es zu konstatieren, daß es etwas gibt, was wir als eine zeitliche Dimension empfinden – ein »Fließband« von Zeiteinheiten, das im Vorbeigehen das Individuum mit der Zeit versorgt. Wir können keine Zeit-Reserve bilden, wie wir Kapital-Reserven bilden. Aber in ihrem Vorbeigleiten gibt sie jedem etwas in die Hand, was er nutzen kann. Es existiert, um einen ökonomischen Begriff zu gebrauchen, ein bestimmtes »Angebot an Zeit«.

Es gibt aber auch eine »Nachfrage nach Zeit«. Man kann sie zu Arbeit verwenden, um dann diese oder jene Waren anzuschaffen. Zeit kann auch konsumiert, das heißt zu dem Prozeß verwendet werden, in dem man Waren mit Zeit kombiniert, um den höchsten Nutzen im Wirtschaftsprozeß zu erzielen – materielles und seelisches Wohlbefinden. Nicht nur Produzieren, auch Konsumieren nimmt Zeit in Anspruch. Wir haben nichts von einer Tasse Kaffee oder von einem Theaterbesuch, wenn wir sie nicht in Ruhe genießen können. Das Verhältnis von Angebot und Nachfrage bestimmt, in welchem Maß von einer Knappheit eines Gutes gesprochen werden kann. Die Knappheit spiegelt sich gewöhnlich im Preis wider. Bei Gold ist die Nachfrage im Verhältnis zum Angebot hoch, und folglich ist Gold teuer. Meerwasser dagegen steht uns in praktisch unbegrenzten Mengen zur Verfügung, und darum ist der Preis für Meerwasser gleich Null. Was das Gut betrifft, das uns hier interessiert, die Zeit also, so haben wir bereits festgestellt, daß es ein bestimmtes Angebot und eine bestimmte Nachfrage gibt. Dem können wir nun hinzufügen, daß die Nachfrage im

Verhältnis zum Angebot in der Regel so groß ist, daß die Zeit im wirtschaftlichen Sinn ein »knappes Gut« darstellt. In diesem Fall ist sie aber den Gesetzen unterworfen, die in der Welt der Wirtschaft gelten. Sie muß auf ihre verschiedenen Verwendungsgebiete – ihre verschiedenen Wirkungsmöglichkeiten – im Einklang mit den allgemeinen wirtschaftlichen Prinzipien verteilt werden.

Wenn man Geld ausgibt, versucht man vermutlich, seine Ausgaben so aufeinander abzustimmen, daß man den bestmöglichen Ertrag erzielt. Man wird also wohl darauf verzichten, alles Geld für eine einzige Ware auszugeben. Statt dessen verteilt man seine Ausgaben auf eine Menge verschiedener Waren und Dienstleistungen. Das Optimum ist dann erreicht, wenn es nicht möglich ist, mehr Befriedigung zu gewinnen, indem man die Ausgaben auf einem Gebiet vermindert und sie auf einem anderen erhöht. Mehr technisch ausgedrückt: Der Grenznutzen einer Geldeinheit muß auf allen Ausgabensektoren der gleiche sein.

Auf die gleiche Weise strebt man danach, mit der verfügbaren Zeit hauszuhalten. Sie muß so verteilt werden, daß man auf allen verschiedenen Verwendungsgebieten gleich viel von ihr hat. Sonst lohnt es sich, Zeit von einer Aktivität mit geringem Ertrag auf eine Aktivität mit hohem Ertrag zu verlagern – so lange, bis ein Gleichgewicht erreicht ist.

Manche Leser werden vielleicht einwenden, dies sei eine allzu pauschale Beschreibung des menschlichen Verhaltens. Bei kurzem Nachdenken ergibt sich aber: Wenn der Leser deswegen dieses Buch zur Seite legt, so ist diese Reaktion allein schon ein Beweis dafür, daß man tatsächlich seine Zeit im Hinblick auf einen maximalen Ertrag zu verteilen sucht. Der Leser findet, daß es Zeitverschwendung wäre, einige Stunden der Lektüre dieses Buches zu widmen, und beschließt deshalb, seine Zeit auf andere und, wie er hofft, bessere Weise zu verwenden.

Die Zeit wird immer knapper

Das wirtschaftliche Wachstum führt dazu, daß die Arbeitszeit immer besser genutzt wird. Die Produktivität pro Arbeitsstunde steigt. Dies bedeutet, daß das Gleichgewicht, welches durch die Zeitverteilung bei unserem früheren Einkommensstand gewährleistet war, jetzt gestört ist. Die Zeit, die man auf andere Aktivitäten verwendet, muß ebenfalls mehr »abwerfen«. Daß Zeit in der Produktion mit wirtschaftlichem Wachstum knapper wird, wissen wir. Darüber hinaus wollen wir die These aufstellen: Es werden sich Veränderungen in der Nutzung der Zeit ergeben, der Ertrag der auf alle anderen Tätigkeiten verwendeten Zeit wird dem Ertrag der Arbeitszeit angeglichen. *Wirtschaftliches Wachstum bedingt also eine allgemeine Verknappung der Zeit.*

Die sich daraus ergebende Zunahme des Ertrags der Zeit, die für Tätigkeiten verwendet wird, welche keine Arbeit darstellen, kann sich auf verschiedene Art und Weise ergeben. Bis zu einem gewissen Grad versuchen wir, unsere Einstellung zu diesen Aktivitäten zu verändern, wie das Walter Kerr in seinem Buch »The Decline of Pleasure«[2] beschreibt:

»Wir müssen alle lesen, um daraus Profit zu ziehen, auf Partys gehen, um Verbindungen anzuknüpfen, an Essen teilnehmen, um Verträge zu sichern, zum Kegeln gehen, um freundschaftliche Kontakte zu pflegen, Auto fahren, um Kilometer zu fressen, für Wohltätigkeitszwecke Lotterie spielen, am Abend zur höheren Ehre unserer Stadt ausgehen und am Wochenende zu Hause bleiben, um das Haus umzubauen.«

Auf eine etwas handgreiflichere Art ließe sich der »Genußwert« der für den Konsum aufgewendeten Zeit dadurch erhöhen, daß man die Menge der Verbrauchsgüter erhöht, die pro Zeiteinheit konsumiert werden sollen. Ebenso wie die Produktivität der Arbeitszeit steigt, wenn sie mit höherem Kapitaleinsatz kombiniert wird, kann auch die Konsumzeit höheren Ertrag bringen, wenn man sie mit mehr Konsumgütern kombiniert. In diesem Fall ändert sich das Verhältnis zwischen Verbrauchsgütern und der für den Verbrauch aufgewendeten Zeit, so daß der Preis für diese Zeit auf das Niveau des Preises für die Arbeitszeit steigt. Natürlich gibt es im Bereich des Konsums keinen Preis für Zeit, der sich in exakten Zahlen ausdrücken ließe, aber der einzelne wird sich, bewußt oder unbewußt, sozusagen nach einem »Schattenpreis« für Konsumzeit richten. Dieser Preis steigt mit der Produktivität der Arbeitszeit.

Ein kritischer Leser wird vielleicht einwenden, daß die steigende Menge an Konsumgütern nicht notwendig die Nachfrage nach Konsumzeit steigern, sondern daß eher das Gegenteil eintreten werde. Zahlreiche Verbrauchsgüter, so wird geltend gemacht, wirken zeitsparend. Wenn ein Familienhaushalt seinen Verbrauch dadurch erhöht, daß er beispielsweise eine Waschmaschine anschafft, wird kein zusätzlicher Zeitaufwand nötig. Natürlich existieren zahlreiche Verbrauchsgüter dieser Art. Dessen muß man sich bewußt sein, wenn es darum geht, den Begriff »Verbrauchsgüter« zu definieren. Für gewöhnlich meinen wir damit alle Güter, die von Haushalten gekauft werden. In unserer Untersuchung beschäftigen wir uns jedoch mit einer enger begrenzten Kategorie von Gütern. Mit »Verbrauchsgütern« – und diesen Terminus wollen wir von nun an in einem engeren Sinn verwenden – meinen wir die Endprodukte, die mit Zeit kombiniert werden, um materielles oder seelisches Wohlbefinden zu schaffen. Waschmaschinen gehören zu jener Kategorie von Gütern, welche die Produktivität im Arbeitsleben steigern – in diesem Fall der Arbeit, die im Haushalt geleistet wird. Wir sollten zwischen Tätigkeiten im Haushalt und in der Produktion nicht allzu streng unterscheiden. Viele Arbeiten im Haushalt sind ihrem Wesen nach identisch mit der Arbeit in der Produktion. Ob die Produktivität nun an Arbeitsplätzen innerhalb der eigentlichen Produktion oder im Haushalt steigt – die Auswirkungen sind die gleichen. Die Zeitknappheit ist im gesamten Arbeitsleben größer geworden, und wenn ein Gleichgewicht zwischen dem Zeitertrag in verschiedenen Sektoren erzielt werden soll, muß der Ertrag der für den Verbrauch aufgewendeten Zeit erhöht werden. Dies wird erreicht durch eine Steigerung des Volumens der Verbrauchsgüter pro Zeiteinheit des Verbrauchs.

Die Verteilung knapper Güter auf verschiedene Verwendungssektoren geschieht, wie bereits festgestellt, nach ökonomischen Grundregeln. Änderungen des Angebots verschiedener Güter führen zu Änderungen ihrer Verteilung. Diese Veränderungen folgen gleichfalls ökonomischen Gesetzen. Deshalb können die Auswirkungen zunehmender Zeitverknappung mittels einfacher, aus der Praxis der Wirtschaftsanalyse entlehnter Instrumente untersucht werden.

Ein sozialwissenschaftliches Grundproblem

Die Analyse der Zeitverteilung, der aus wirtschaftlichem Wachstum entstehenden Veränderungen dieser Verteilung und der Folgewirkungen von wirtschaftlicher Entwicklung bei wachsender Zeitknappheit ist nicht nur rein wirtschaftlich von Belang. Sie ist vielmehr ein Problem von allgemeiner Relevanz, ein Problem, das sämtliche Sozialwissenschaften tangiert. Die Verteilung der Zeit und Veränderungen innerhalb dieser Verteilung müssen zwangsläufig unsere ganze Einstellung zu gesellschaftlichen Fragen, unsere ganze Lebenshaltung beeinflussen. David M. Potter

hat in seinem Buch »People of Plenty«[3] den beginnenden Waren-
überfluß als Ausgangspunkt der Spekulationen über Veränderungen im Nationalcharakter gewählt; ebenso kann die Erscheinung der Zeitknappheit gesehen werden.

Daß man sich in den verschiedenen sozialwissenschaftlichen
Disziplinen tatsächlich schon Gedanken über die mit der Zeit zusammenhängenden Probleme gemacht hat, zeigt schon eine kurze
Beschäftigung mit der Literatur. Andererseits aber läßt sich nicht
leugnen, daß von einer »konzertierten« Behandlung des Kom-
plexes nicht die Rede sein kann. In der Sozialanthropologie sind
wiederholt Versuche unternommen worden, die Einstellung zur
Zeit in verschiedenen Kulturen zu beschreiben. Dennoch fehlen
vielen Standardwerken Untersuchungen über solche Einstellungen. Jedenfalls hat man kaum umfassende Bestimmungen der
Faktoren versucht, welche in verschiedenen Kulturen zu Dis-
paritäten in der Haltung zur Zeit führen.

Die Soziologen hingegen haben viel Mühe auf großangelegte
Untersuchungen des Zeithaushalts verwandt. Man hat darzustellen
versucht, wie verschiedene Individuen oder Gruppen ihre Zeit
auf verschiedene Tätigkeiten verteilen. Besonders eingehend hat
man sich damit beschäftigt, wie die nicht am Arbeitsplatz verbrachte Zeit genutzt wird. Indes trugen die Theorien, die parallel
zu diesen Untersuchungen aufgestellt wurden, einen Ad-hoc-
Charakter. Es wurde kein Versuch unternommen, die Zeiteinteilung und ihre Veränderungen systematisch zu erforschen und
zu erklären. Anthropologen und Soziologen haben bislang aus
ihren Untersuchungsergebnissen keinen echten Nutzen ziehen
können, da ihnen die Bedeutung einer Zeitknappheit im ökonomischen Sinn für die Zeitphänomene, mit denen sie sich beschäftigten, offensichtlich entgangen ist. Es ist denkbar, daß eine Analyse
der Zeiteinteilung eine für soziologische Voraussagen brauchbare
dynamische Theorie erbringen könnte. Sie könnte eine nützliche
Rolle in der Zukunftsforschung spielen, auf einem Forschungs-
gebiet, dem ja zunehmend Aufmerksamkeit geschenkt wird.

Eine Theorie über Veränderungen in der Zeitknappheit ließe sich
vielleicht auch in der Medizin – in der Streß-Forschung – nutzbringend einsetzen. Ähnliche Anwendungsmöglichkeiten gibt es
möglicherweise in der Psychologie und noch mehr vielleicht in
der Psychiatrie. In zumindest einer psychiatrischen Studie, die
dem Verfasser vorgelegen hat, stößt man auf Interesse an Fragen,
wie sie hier erörtert werden. Das folgende Zitat aus einem Werk
des Psychologie-Professors John Cohen[4] spricht für sich: »Die

Reaktion von Tieren unter Bedingungen zeitlicher Beschränkung kann zum Verständnis von Störungen bei den Menschen in den unter starkem Zeitdruck stehenden Kulturen der Gegenwart beitragen.«

Es überrascht kaum, daß beispielsweise Soziologen die Verwendung der Zeit bisher noch nicht als das Problem sehen, mit einem zunehmend knappen Gut hauszuhalten. Ein solcher Standpunkt wäre jedoch natürlich für eine Disziplin, die sich mit den Grundfragen der Zeiteinteilung beschäftigt, nämlich die Wirtschaftswissenschaft. Trotzdem fehlt in der wirtschaftswissenschaftlichen Literatur eine angemessene Zeitanalyse. Wirtschaftswissenschaftler sehen bezeichnenderweise im Konsum eine Augenblickshandlung ohne zeitliche Konsequenzen. Man betrachtet die bei der Arbeit verbrachte Zeit als ein knappes Gut, neben dem es eine nicht näher definierte »freie Zeit« gibt. Es wird angenommen, daß sich mit steigendem Einkommen auch der Verbrauch erhöht, ohne irgendwelche Folgen für die Zeitsituation des einzelnen, abgesehen von einer Abnahme der Arbeitszeit. Dies werde zur Verlängerung der »Freizeit« führen. Auf allen Seiten würde das Angebot zunehmen.

Aus solcher Sicht kann die Verteilung der Zeit niemals zum Gegenstand der Analyse mit wirtschaftstheoretischen Instrumenten werden. Es ist sehr interessant, welch geringe Rolle die Freizeit in der Wirtschaftstheorie spielt. Um ein Beispiel anzuführen: Eine anspruchsvolle statistische Untersuchung (von Gordon C. Winston)[5] über die Beziehung zwischen Arbeitszeit und Einkommenshöhe in verschiedenen Ländern unterscheidet zwischen der Zeit, die »zum Erwerb von Einkommen (Arbeit)«, und der Zeit, die »für zahlreiche nichtwirtschaftliche Tätigkeiten (Freizeit)« verwendet wird. Es ist symptomatisch, daß hier von der nicht am Arbeitsplatz verbrachten Zeit als einer nicht wirtschaftlich genutzten gesprochen wird. Allein schon der Terminus »Freizeit« zeigt das Unvermögen zu erkennen, daß Konsumzeit ein knappes Gut ist.

Daß der Konsum gewissermaßen als eine Augenblickshandlung aufgefaßt wird, geht ganz klar daraus hervor, daß Wirtschaftswissenschaftler, wenn sie versuchen, die Beziehung zwischen dem »Nutzen« einer bestimmten Ware und der verfügbaren Menge dieser Ware zu bestimmen, niemals die Zeit berücksichtigen, die einem einzelnen zur Verfügung steht, um das fragliche Gut zu konsumieren. Der Genuß, den sich jemand durch eine Theaterkarte verschafft, scheint in der Wirtschaftstheorie in keiner

Weise abhängig von der Zeit, die er hat, um sich das Stück anzusehen. Allenfalls berücksichtigt die ökonomische Literatur die für den Verbrauch notwendige Zeit, indem sie darauf hinweist, daß der Nutzen eines Produkts von der Zeitspanne abhängig ist, innerhalb deren es genossen werden soll. »Zehn Portionen Eis in einer Stunde oder in einem Monat zu sich zu nehmen, verschafft jeweils ein anderes Genuß-Niveau«, konstatieren J. M. Henderson und R. E. Quandt in einem Lehrbuch[6]. Doch mit dieser Feststellung ist es nicht getan. Wichtig ist vor allem zu wissen, wieviel Zeit innerhalb einer bestimmten Periode auf den Genuß eines Gutes verwendet werden kann, dessen Beitrag zu unserem Wohlbefinden wir untersuchen. Wenn man eine ganze Woche lang keine Zeit hat, eine Tasse Kaffee zu trinken, dann können einem in dieser Woche fraglos auch ganze Säcke voll Kaffee keinen Genuß verschaffen. Ebenso braucht ein Tennisspieler nicht jedes Jahr einen neuen Schläger, wenn er nie Zeit zum Spielen hat. Der Nutzen, den jemand aus Theaterkarten zieht, läßt sich nicht bestimmen, wenn man nicht weiß, ob der Besitzer dieser Karten auch die Zeit hat, sie zu benützen. Das Entscheidende ist nicht so sehr die Zeitperiode, während der eine gegebene Menge des Gutes verfügbar ist, sondern vielmehr die Zeit, welche während dieser Periode zur Verfügung steht, um das fragliche Gut zu konsumieren.

Nach diesen notwendigen kritischen Bemerkungen können wir mit Genugtuung feststellen, daß in den letzten Jahren doch einige Wirtschaftswissenschaftler eine neue Position bezogen haben. Allmählich richtet sich das Augenmerk auf die Möglichkeit, daß wirtschaftliches Wachstum zunehmende Zeitknappheit bedingt. Der erste dieses exklusiven Zirkels war wohl Roy Harrod, der Ende der fünfziger Jahre einen Aufsatz[7] darüber veröffentlichte. Doch weder die Fachwelt noch der Verfasser selbst schenkten diesem Thema viel Aufmerksamkeit; Harrod hat die von ihm vorgetragenen Gedankengänge nicht weiter verfolgt. Seine These war, daß wir infolge der zunehmenden Zeitknappheit – die vor allem von der Arbeit herrührte, die zur Pflege und Erhaltung von Verbrauchsgütern notwendig ist – schließlich vor einem Konsum-Maximum stehen würden. Dieser auf den ersten Blick verwirrende Gedankengang Harrods hat mich zu der Konzeption der vorliegenden Studie angeregt.

Ein weiterer Wirtschaftswissenschaftler, der davon ausging, daß Verbrauchen Zeit verbraucht, und der so zu interessanten Ergebnissen kam, ist Jacob Mincer[8]. Doch nur ein einziger Vertreter der Disziplin unternahm es, eine allgemeine Theorie der Zeiteinteilung aufzustellen: Gary Becker, der seine Arbeit darüber 1965 veröffentlichte[9]. Er hat den gleichen Ansatz wie der Verfasser dieses Buches. Obwohl meine Arbeit an dieser Untersuchung schon ziemlich weit vorgeschritten war, als Beckers Studie erschien, war es natürlich von großem Nutzen, seine Betrachtungsweise verwerten zu können.

Warum wurde die Zeitanalyse bisher so vernachlässigt?

Die Schuld daran, daß es in der Verhaltensforschung keinerlei Theorie der Zeiteinteilung gibt, liegt bei den Wirtschaftswissenschaftlern. Von Haus aus mit der Verteilung knapper Güter befaßt, hätten sie darauf kommen müssen, die Zeit aus diesem Blickwinkel zu betrachten. Statt dessen haben sie die Tatsache ignoriert, daß das Verbrauchen Zeit braucht, und damit den gegenteiligen Eindruck vermittelt – daß die Verwendung von Zeit außerhalb des Arbeitsplatzes ein nichtwirtschaftliches Phänomen sei und daß Wirtschaftswachstum abnehmende Zeitknappheit bewirke. Wie sollen wir dieses Versäumnis der Wirtschaftswissenschaft erklären? Da es an einer völlig überzeugenden oder hinreichenden Erklärung fehlt, können wir nur verschiedene Möglichkeiten andeuten. Zunächst ist ein historischer Grund denkbar. Als die ersten Nationalökonomen ihr Fachgebiet absteckten, war die Zeitknappheit noch kaum spürbar. Das überragende Problem war die Güterknappheit als Folge niedriger Produktivität. Es war daher angemessen, von Freizeit im wirklich ökonomischen Sinn zu sprechen – von Zeit, die nichts kostet. Es bestand ein Mangel an Verbrauchsgütern, und die nicht zur Arbeit genutzte Zeit wurde vielleicht in erzwungener Passivität verbracht. In einer traditionellen Analyse befangen, hat es die Wirtschaftswissenschaft versäumt, die Zeit als knappes Gut zu erkennen, obwohl sich die Situation radikal verändert hat.

Denkbar ist auch, daß schon der Begriff »Wirtschaftswachstum« in die Irre führt. Wenn wir von Wirtschaftswachstum sprechen, denken wir leicht an wachsende wirtschaftliche Möglichkeiten schlechthin. Wir stellen uns nicht einen partiellen, sondern einen allumfassenden Wohlstand vor. Es liegt auf der Hand, daß eine solche irrige Auffassung leichter entsteht, wenn wir uns nicht bewußt sind, daß der Konsum Zeit konsumiert, und wir lassen uns von allen möglichen statistischen Theorien blenden, nach denen uns nicht nur immer mehr Wirtschaftsgüter, sondern auch immer mehr Freizeit zur Verfügung stehen. Manche Leute haben vielleicht auch die vage Vorstellung, es gebe im Verbrauch gewissermaßen einen technischen Fortschritt, so daß der Bedarf an Zeit konstant geblieben sei. Aber wenn es überhaupt technische Fortschritte auf der Verbraucherseite gegeben hat, dann nur, was die Arbeit des einzelnen im Haushalt betrifft. Die Auswirkungen solcher Fortschritte sind jedoch die gleichen wie in der eigentlichen Produktion. Es fällt schwer, sich vorzustellen, daß irgendein technischer Fortschritt im Prozeß des Konsums festzustellen sei. Produktivität kann nur durch eine Steigerung der pro Zeiteinheit verbrauchten Gütermenge erkauft werden, was eine vermehrte Zeitknappheit bedeutet.

Eine weitere Möglichkeit ist die, daß man die an die Verbrauchszeit gestellten Anforderungen infolge bestimmter Grundvorstellungen über die Nutzung unseres wachsenden materiellen Wohlstands außer acht gelassen hat. Die optimistische Ansicht hat sich durchgesetzt, daß die Menschen allmählich Mühsal und Hunger überwinden würden, um sich der Pflege von Geist und Seele im Sinn der Ideale des klassischen Altertums zu widmen. Nach diesen Vorstellungen würde das, was wir heute unter Verbrauch verstehen, natürlich sehr wenig Zeit in Anspruch nehmen. Das ökonomische Ziel wäre erreicht, sobald wir auf einem materiellen Niveau angelangt wären, das ungestörte Beschäftigung mit der Philosophie erlaubt. Weder Zeit noch materielle Güter wären knapp, das wirtschaftliche Problem würde verschwinden, wenn man in der Beschäftigung mit der Kunst und erhabenen Gedanken vollkommene Erfüllung fände. Doch es ist anders gekommen. Mit der wirtschaftlichen Entwicklung sind andere, reizvolle Möglichkeiten entstanden, die Zeit zu nutzen. Meditation und philosophische Spekulation sind nicht mehr gefragt. Und so ist die Zeit – einerlei, aus welchem Grund – faktisch zu einem immer knapper werdenden Gut geworden, ohne daß die Wirtschaftswissenschaft diese Entwicklung wahrgenommen hätte.

Das sogenannte »Freizeitproblem«

Sicher finden es viele erstaunlich, daß die wirtschaftliche Entwicklung zu einer Verknappung der Zeit geführt hat. Man stellt sich vor, daß es eigentlich umgekehrt sein müßte. Die Intellektuellen der reichen Länder verzichten auf eine Analyse der zunehmenden Zeitknappheit und widmen dafür dem sogenannten »Freizeitproblem« große Aufmerksamkeit.

Wie verhält es sich nun eigentlich mit diesem vielzitierten, doch nicht definierten Freizeitproblem? Bedeutet es, daß die Leute wegen der verkürzten Arbeitszeit so viel Zeit zur Verfügung haben, daß sie nicht wissen, was sie damit anfangen sollen? Das würde heißen, daß die Zeitknappheit immer geringer geworden wäre – und dann wäre dieses Buch verfehlt und überflüssig. Statt zunehmender Zeitknappheit hätten wir also ein Überangebot an Zeit.

Aber selbst wenn das Freizeitproblem nicht so aufgefaßt werden kann, daß die Leute nichts tun, ist es vielleicht trotzdem vorhanden. Dann aber besteht es darin, daß einige Leute sich mit Nichtstun beschäftigen – was nicht im Widerspruch zu der in diesem Versuch aufgestellten These steht.

Wissenschaftlich betrachtet besteht das sogenannte Freizeitproblem freilich wohl nur in der Phantasie von Leuten, die sich nicht bewußt sind, daß der Verbrauch Zeit erfordert. Wenn wir wie die meisten Wirtschaftswissenschaftler den Standpunkt einnehmen, daß der Verbrauch eine Augenblickshandlung und daß die Freizeit gewissermaßen ein völlig isoliertes Gebrauchsgut sei, dann kann man zu verwunderlichen Schlußfolgerungen kommen. In diesem Fall können wir zu der Vorstellung gelangen, daß wir heute so viel freie Zeit haben, daß wir nichts mit ihr anzufangen wissen, und daß gewisse Teile dieser Zeit auf das reduziert worden sind, was wir unter *wirtschaftlich* freier Zeit verstehen. Es mag sein, daß manche Leute sich in dieser Situation befinden. Sie haben einen Job und ein bestimmtes Einkommen. Dies wird dazu verwendet, Verbrauchsgüter zu kaufen, deren Genuß eine bestimmte Zeit in Anspruch nimmt. Wenn sie diese Gegenstände konsumiert haben, verbringen sie ihre übrige Zeit in völliger Passivität. Eine solche Lebensführung dürfte allerdings unüblich sein. Wenn Leute mehr Zeit für den Konsum übrig haben, als sie nach ihrer Meinung brauchen, nehmen sie zumeist irgendeine Nebenbeschäftigung an. Dies bringt wiederum Geld ein, das sie verbrauchen können. Und damit wird Konsumzeit absorbiert. Handeln sie nicht so, bedeutet das notwendigerweise, daß sie in ihrem Verbrauch eine Obergrenze erreicht haben. Daß ein solches Maximum existiert, wird allerdings energisch bestritten, zumindest von Wirtschaftswissenschaftlern und von wirtschaftlich interessierten Psychologen.

Schließlich gibt es keine Garantie, daß man seine Zeit außerhalb der Arbeit nur lobenswerten Zielen widmet. Im Gegenteil, es ist wahrscheinlich, daß viele es vorziehen, ihren wachsenden Wohlstand in einer Weise zu verwenden, die ihnen und ihrer Umwelt Schaden bringt. Solche Leute sind jedoch keine Müßiggänger. Sie können mit größtem Eifer Unheil stiften. Dies ist ein durchaus reales Problem, aber offensichtlich kein Freizeitproblem in dem Sinne, daß die Leute nicht wüßten, was sie mit all ihrer Zeit anfangen sollen. Es handelt sich um ein soziales Problem. Aus der Tatsache, daß manche Leute von ihrem Geld einen gefährlichen Gebrauch machen, folgt keineswegs, daß wir keine wirtschaftliche Theorie brauchen. Und ebensowenig besagt die Tatsache, daß manche Leute ihre Zeit auf gefährliche Weise verwenden, daß wir keine Theorie der Zeitverteilung nötig hätten.

Natürlich kann man sich darüber grämen, daß sich so viele Leute wenn nicht mit gefährlichen, so doch mit müßigen Dingen beschäftigen. Auch dies kann dazu Anlaß geben, von einem Freizeitproblem zu sprechen. Aus moralischen, ethischen, kulturellen oder sonstigen Gründen billigt man es nicht, was andere mit ihrer Zeit anfangen. Aber auch hier haben wir ein Problem vor uns, das nichts mit der wirtschaftlich freien Zeit zu tun hat, sondern mit der Beschaffenheit unserer Zivilisation zusammenhängt. Oberflächliche Leute in den reichen Ländern sind häufig ungeheuer betriebsam, auch wenn man manchmal nicht recht sieht, was sie eigentlich so beschäftigt.

Es gibt noch eine andere Deutungsmöglichkeit des Freizeitproblems. Vielfach wird die Befürchtung geäußert, wir würden, da dem einzelnen weniger Arbeitsleistung abverlangt wird, einen wesentlichen Teil unseres eigenen' persönlichen Wertes einbüßen. Dies ist eine erhebliche Gefahr, und wir müssen sie berücksichtigen, wenn wir uns Rechenschaft darüber ablegen, was die Steigerung der Produktivität uns wirklich gibt. Auch hier geht es nicht darum, daß die Zeit, in der wir nicht arbeiten, zu wirtschaftlich freier Zeit wird. Dahinter steht einfach der Gedanke, daß der Zwang zur Arbeit dem einzelnen mehr Wert verleihe als die Freiheit des Konsumierens. Das Problem ist psychologischer Natur.

Der Schluß scheint berechtigt, daß es Freizeitprobleme sozialer, kultureller und psychologischer Art gibt. Aber trotzdem lebt der Durchschnittsverdiener in den reichen Ländern unter Zeitdruck. Er gehört zur Klasse der ruhelosen Wohlstandsmenschen.

In dem wirtschaftlichen Schlaraffenland, das vielfach als End-
resultat eines langen Wachstumsprozesses erwartet wird, wäre der
wesenseigene Geiz der Natur überwunden. Nur durch eine Art
optischer Täuschung kann man auf den Gedanken verfallen, dieser
schnöde Zug der Natur sei in einem materiellen Utopia zu beseitigen. In einem wirtschaftlichen Paradies wäre das Zeitproblem
besonders drückend. Wir würden dort Verbrauchsgüter in unbe-
grenzter Menge finden, und genußsüchtige Engel wären fieber-
haft bemüht, sie in der begrenzten Zeit zu konsumieren, die ihnen
täglich zur Verfügung steht. Daß man sich in diesem Himmel vielleicht eines ewigen Verbraucherdaseins erfreut, ändert leider
nichts an der Situation. Dies kann zwar die Summe der Genuß-
freude durch die Jahrhunderte vermehren. Aber was uns interessiert, ist der Ertrag pro Zeiteinheit. Um ihn zu maximieren,
müssen die Jünger Epikurs mit der Zeit sorgsam haushalten.

Wollen wir die Veränderungen darstellen, welche das Wirtschaftswachstum für die Art und Weise mit sich bringt, in der wir unsere
Zeit nützen, empfiehlt es sich, den Begriff Zeit in Kategorien
einzuteilen. Eine derartige Einteilung der Zeit nach verschiedenen
Anwendungsgebieten könnte natürlich sehr ins einzelne gehen.
Eine zu detaillierte Klassifizierung wäre jedoch unpraktisch. Wir
werden im folgenden zwischen fünf verschiedenen Zeitkategorien
unterscheiden, von denen jede durch wirtschaftliches Wachstum
anders beeinflußt wird.

Die erste Kategorie ist die der Arbeitszeit oder, spezifischer ausgedrückt, die Zeit, die bei der Arbeit in einer spezialisierten Produktion verbracht wird. Diese Arbeitszeit ist von fundamentaler
Bedeutung für die Einteilung der Zeit. Wie andere Tätigkeiten
nimmt sie Zeit in Anspruch, die sonst auf andere Weise verwendet
würde. Durch ihren Einfluß auf das Einkommensniveau des einzelnen beeinflußt sie aber auch die Dauer der Zeit, die für andere
Tätigkeiten beansprucht wird. Die Arbeitszeit hat somit eine
doppelte Bedeutung. Sie beeinflußt sowohl die Nachfrage nach
der Zeit für andere Tätigkeiten wie auch deren Angebot. Da sich
das Produktivitätsniveau im Arbeitsleben ändert, gehen von
Arbeitszeit und Einkommensniveau Impulse für die Veränderungen aus, die in der Verteilung der Zeit möglich sind.

Die zweite Kategorie können wir »Zeit für persönlich bezogene
Arbeit« nennen. »Persönlich bezogene Arbeit« besteht im wesentlichen aus der Produktion dessen, was wir üblicherweise als Dienst-

leistungen bezeichnen. Die Grenzen zwischen der Produktion von Dienstleistungen und Waren sind schwer zu definieren, werden aber gemeinhin doch gezogen. In den Industrieländern ist die Produktion von Waren fast ganz spezialisiert. Auch ein großer Teil der Dienstleistungen ist das Ergebnis spezialisierter Produktion. Trotzdem bleibt uns noch eine beträchtliche Zahl von Dienstleistungen, die wir selbst erbringen. Selbst die Angehörigen von Thorstein Veblens »goldener Freizeitklasse«[10], denen es keineswegs an wirtschaftlichen Mitteln mangelte, um Dienstleistungen zu kaufen, waren sicher darauf angewiesen, viele Dienstleistungen selbst zu erbringen. Für den Durchschnittsverdiener in einem hochindustrialisierten Land ist der Umfang persönlich bezogener Arbeit mit Sicherheit erheblich größer. Persönlich bezogene Arbeit kann wieder unterteilt werden in die Erhaltung von Gütern und die Pflege des eigenen Körpers (Schlaf, Körperhygiene usw.). Wir werden uns nicht nur für die Gesamtzeit interessieren, die jeder einzelne auf persönlich bezogene Arbeit verwendet, sondern auch für die durchschnittliche Zeit, die wir aufwenden, um Verbrauchsgüter zu erhalten, d. h. die »Unterhaltszeit« pro Verbrauchsgut.

Eine dritte Kategorie ist die Konsumzeit, d. h. die Zeit, deren Vorhandensein uns bewußt sein muß, um die Verwendung der Zeit als ein wirtschaftliches Problem zu erkennen, bei dem es um die Verteilung begrenzter Güter geht. Genau wie bei der Zeit für persönlich bezogene Arbeit besteht eine Wechselbeziehung zwischen Produktivitätserhöhungen und der Nachfrage nach Konsumzeit. Auch in diesem Fall wollen wir die Veränderungen in der Verbrauchszeit pro Produkt untersuchen.

Die vierte Komponente umfaßt die Zeit, die der Pflege von Geist und Seele gewidmet wird, d. h. die verschiedenen Tätigkeiten, auf die wir, wie die optimistischen Fortschrittsgläubigen gedacht hatten, unseren Wohlstand verwenden würden. Der Unterschied zwischen der Konsumzeit und der Zeit, die wir der Kürze wegen Kulturzeit nennen wollen, besteht darin, daß Verbrauchsgüter für die Konsumzeit eine zentrale, für die Kulturzeit aber nur eine untergeordnete Rolle spielen. Aus diesem Grund werden diese beiden Zeitkomponenten bei jeder Produktivitätssteigerung im Arbeitsleben auf verschiedene Weise beeinflußt. Die Unterscheidung zwischen diesen beiden Komponenten ist um so wichtiger, als sie in Diskussionen über die Ziele wirtschaftlichen Fortschritts so verschieden beurteilt worden sind.

Schließlich haben wir noch eine Zeitkomponente, die weniger

präzise umrissen ist. Es ist denkbar, daß Menschen in armen Ländern Freizeit im strengen Wortsinn in Kauf nehmen müssen, d. h. Zeit, die nicht nutzbar gemacht wird. Die Einkommen sind so niedrig, daß man kein wirtschaftliches Niveau erreicht, das während bestimmter Abschnitte des Tages etwas anderes als Passivität zuläßt. Diese Zeitkategorie kann auch in reichen Ländern während Wirtschaftsflauten auftreten. Aber selbst wenn die wirtschaftlichen Verhältnisse den einzelnen gestatten, frei zu bestimmen, wie sie ihre Zeit zwischen Arbeit und anderen Tätigkeiten verteilen, kann es in der Verwendung der Zeit zu »Flauten« kommen. Dies findet in dem Tempo Ausdruck, in dem Zeit verwendet wird. Wenn die Zeitknappheit nicht besonders ausgeprägt ist, findet man es vielleicht angebracht, sich ein entspanntes Leben zu gönnen. Wir wollen diese fünfte Zeitkategorie »Mußezeit« nennen.

In Kapitel 2 werden wir uns mit Veränderungen in der Mußezeit und im Lebenstempo beschäftigen. Kapitel 3 bringt eine Erörterung von Veränderungen in der Arbeitszeit. Die Kapitel 4 bis 6 befassen sich mit der Zeit für persönlich bezogene Arbeit. Das letzte dieser drei Kapitel ist Veränderungen gewidmet, die in der Zeit auftreten, in der Entscheidungen getroffen werden. Die Konsumzeit wird in Kapitel 7 behandelt, und in Kapitel 8 werden wir Veränderungen in der Kulturzeit untersuchen. Um ein spezielleres Problem geht es in Kapitel 9, wo wir uns mit der Beziehung zwischen dem Sparen und der Zeitverteilung befassen werden. In den Kapiteln 2 bis 11 gehen wir davon aus, daß das Pro-Kopf-Einkommen ständig steigt. In den drei abschließenden Kapiteln (10 bis 12) werden wir untersuchen, inwiefern sich die Ergebnisse unserer Analyse der Zeitverteilung auf die Stichhaltigkeit unserer Annahme von einem anhaltenden Wirtschaftswachstum ausgewirkt haben.

2 Das Ende des Müßiggangs

Wir können an dieser Stelle
die Wert- und Bewertungsunterschiede der Zeit bei Völkern
verschiedenen Kulturniveaus feststellen.

John Cohen[11]

Steigender Nutzungsgrad

Das Maß der Untätigkeit wird vom Einkommensniveau bestimmt. Bei niedrigem Einkommen können lange Perioden erzwungener Untätigkeit auftreten. In diesem Fall haben Individuen wirtschaftlich freie Zeit im echten Sinn zur Verfügung. Sie warten auf Godot.

Auf höherem Einkommensniveau begegnen wir freiwilliger Untätigkeit, die sich darin äußert, daß man sich das Leben leichtmacht und daran Spaß findet. Das Lebenstempo ist nicht hoch. Aber mit weiter steigendem Einkommen steigen auch die Ansprüche an den Ertrag der eingesetzten Zeit. Infolgedessen werden immer weniger Ruheperioden toleriert. Der aktive Nutzungsgrad der Zeit wird sich erhöhen. Das Lebenstempo nimmt zu.

Die wirtschaftlichen Gründe für diese Veränderungen sind leicht auszumachen. Im Gegensatz zu aktiv genutzter Zeit kann untätig verbrachte durch die Kombination mit mehr Verbrauchsgütern keinen höheren Ertrag bringen. Der Definition nach ist Untätigkeit die ohne andere Verbrauchsgüter verbrachte Zeit. Irgendwie muß aber auch diese Art von Zeit ertragreicher gestaltet werden. Um dies zu erreichen, wird untätig verbrachte Zeit reduziert, und man führt Teile davon aktiver Nutzung zu. Je höher das Tempo, desto höher wird somit der Ertrag der immer noch untätig verbrachten Zeit. Bei wachsendem Einkommen können so neue Gleichgewichtssituationen in der Zeitverteilung erreicht werden.

Radikale Unterschiede im Zeitbegriff verschiedener Kulturen lassen sich in der Praxis unschwer finden. Auch scheint ein deutlicher Zusammenhang zwischen dem Einkommensniveau und der Rolle zu bestehen, welche die Zeit und ihre Nutzungsmöglichkeiten spielen. Wenn dies zutrifft, dann müßte man ganz andere Schlußfolgerungen ziehen, als es in der anthropologischen Literatur geschieht, die derartige Diskrepanzen auf Unterschiede in kosmologischen Vorstellungen in der technischen Entwicklung zurückführt. Um diesen Gedanken fortzuführen, können wir zwischen drei Arten von Kulturen unterscheiden, nämlich Kulturen mit einem Überfluß an Zeit, Kulturen mit einem »Zeit-Wohlstand« und Kulturen, die an »Zeit-Hunger« leiden.

Kulturen mit zeitlichem Überfluß

Kulturen mit einem Überfluß an Zeit finden sich in den ärmsten Ländern. Die Produktivität ist so gering, daß ein gewisser Prozentsatz der Zeit überhaupt keinen Ertrag bringt. Solche Kulturen haben keinen großen Bedarf an einer präzisen Zeitberechnung und -messung. Hier herrscht eine »mañana«-Haltung ohne detaillierte Planung für das Heute und das Morgen. Ja, was wir in den reichen Ländern unter Zeit verstehen, ist ein Begriff, der sich nur schwer in die Sprachen solcher Länder übertragen läßt. Allerdings ist auch in reichen Ländern ein Überfluß an Zeit möglich, wenn die Nachfrage nach Arbeitskräften gering ist, wie etwa während einer wirtschaftlichen Depression. Ebenso gibt es einen Zeitüberfluß für behinderte Individuen, die vom Arbeitsmarkt und Wachstumsprozeß ausgeschlossen sind.

Es liegt auf der Hand, daß sich in der Praxis nur schwer bestimmen läßt, ob eine bestimmte Menge Zeit pro Tag wirtschaftlich freie Zeit ist. Es ist nicht leicht, die Grenze zu ziehen. Gleichwohl können wir zum Zweck der Analyse als wesentlichen Unterschied betrachten, was vielleicht nur ein gradueller ist. Zeit, die unergiebig ist, braucht deswegen nicht in völliger Passivität verbracht zu werden. Es können verschiedene Arten versteckter unproduktiver Zeit auftreten. Beispielsweise spricht die Literatur über die unterentwickelten Länder ziemlich häufig von »verschleierter Unterbeschäftigung«. Diese Unterbeschäftigung tritt auf, wenn eine Reduktion der Arbeitszeit nicht zu einer Produktionsminderung führt. Man hat gesagt, dies sei ein bestimmender Zug der Situation der Landwirtschaft in den unterentwickelten Ländern. Diese Ansicht ist nicht ohne Kritik geblieben. Aber die kritischen Stimmen wandten sich zumeist gegen die arroganten Folgerungen, welche daraus im Hinblick auf die Wirtschaftspolitik gezogen wurden.

In den rasch wachsenden Städten dieser Länder tritt die Arbeitslosigkeit oder Unterbeschäftigung mehr zutage. In den Slumvierteln drängen sich Menschen, die zumindest einen Teil des Tages in erzwungener Untätigkeit verbringen. Manche unternehmen ergebnislos Versuche, eine Beschäftigung zu finden, die ihnen etwas einbringt, während andere resignieren und sich aufs Betteln verlegen. Dumpfe Passivität ist eine Art, solche erzwungene wirtschaftlich freie Zeit zu verbringen. Ein Weg, wirtschaftlich freier Zeit einen höheren Stellenwert zu verschaffen, besteht in dem Streben, seine Chancen für ein besseres Leben im Jenseits zu vergrößern. Man kann viele Tage zu Feiertagen erklären. Es wurde darauf hingewiesen, daß solche Feiertage in den armen Ländern zahlreicher sind als in den reichen und daß ein Land, das auf dem Weg zum Reichtum ist, allmählich immer mehr Feiertage abschafft und damit die Menge wirtschaftlich freier Zeit reduziert. »Man sollte sich auch vor Augen halten, daß es im Altertum und Mittelalter normalerweise 115 Feiertage im Jahr gab«, schreibt Ida Craven[12]. Als sich in den reichen Ländern das Bedürfnis nach Verbrauchszeit meldete, wurden die Feier- und Festtage zu Urlaub oder Ferien – zu einer aus unserer Sicht ganz anderen Zeit-kategorie.

Ein interessantes Bild davon, wie sich die Einstellung zur Zeit in armen Kulturen von der uns geläufigen unterscheidet, findet sich in der anthropologischen Literatur. Wir können nur bedauern, daß die Bestimmung der Zeitbegriffe verschiedener Kulturen – nach der Literatur zu schließen – nicht als eine wichtige Aufgabe der anthropologischen Forschung gilt.

Eine ergiebige Quelle ist der Bericht, den ein Forschungsteam unter Leitung von Margaret Mead kompiliert hat. Dieses Team führte eine Anzahl vergleichender anthropologischer Untersuchungen durch, darunter auch Studien über Einstellungen zur Zeit. Wir erfahren, welch enorme Unterschiede in dieser Hinsicht zwischen Burma und der spanisch-amerikanischen Subkultur in den USA einerseits und den reichen Ländern andererseits beste-hen. Zwischen den beiden armen Kulturen scheinen die Unter-schiede in der Zeitauffassung gering. In beiden Fällen ist der Nutzungsgrad der Zeit niedrig. Wir lesen zum Beispiel, welche verschiedenen einfachen Methoden der Zeitmessung die Burme-sen haben, daß die Lateinamerikaner darauf verzichten, sich in ihrem Tagesablauf nach Uhren zu richten, und daß sie für die Zukunft, wenn überhaupt, nur eine vage Zeitplanung kennen[13].

Edward T. Hall hat in seinem Buch »The Silent Language«[14] die gleiche Beobachtung festgehalten. »(Mit) Menschen im Nahen Osten ... zu lange im voraus eine Verabredung zu treffen ist sinnlos, weil die formlose Struktur ihres Zeitsystems alles, was über eine Woche hinausgeht, in eine einzige ›Zukunfts‹-Kategorie einordnet ...« Was das Fehlen eines Zeitbegriffs betrifft, der dem in den reichen Ländern entspräche, so hat niemand dies prägnanter formuliert als Evans-Pritchard in seiner Studie über das Nilotenvolk Nuer[15]:

Ich habe zwar über die Zeit und Zeiteinheiten gesprochen, aber die Nuer haben kein Äquivalent für Zeit ... und deshalb können sie nicht wie wir von der Zeit sprechen, als wäre sie etwas Wirkliches, das vergeht, vergeudet, gespart werden kann und so weiter. Ich glaube nicht, daß sie jemals das Gefühl erlebt haben, daß sie gegen die Zeit kämpfen oder Tätigkeiten mit einem abstrakten Zeitfluß koordinieren müßten, denn ihre Beziehungspunkte sind vor allem die Tätigkeiten selbst, die zumeist gemächlicher Natur sind. Was sich ereignet, folgt wohl einer logischen Ordnung, wird aber nicht von einem abstrakten System kontrolliert ... Die Nuer sind glückliche Menschen.

Diese und ähnliche Beobachtungen aus vielen verschiedenen Kulturen können im Rahmen einer Zeitverteilungstheorie einheitlich erklärt werden. Das Einkommensniveau ist extrem niedrig und die Zeit infolgedessen nicht knapp.

Kulturen mit »Zeit-Wohlstand«

Kulturen, die über eine angemessene Menge Zeit verfügen, nehmen eine mittlere Stellung ein. Ein wirtschaftlicher Wachstumsprozeß ist in Gang gekommen, und das Einkommensniveau hat sich verdoppelt oder verdreifacht. Infolgedessen ist das Lebenstempo zwar rascher, aber noch nicht hektisch geworden. Die langen Perioden wirtschaftlich freier Zeit sind verschwunden. Dennoch sind noch gewisse »Flauten« in der Nutzung der Zeit vorhanden. Die Methoden der Zeitmessung sind verbessert, doch die Uhr ist noch nicht zum Tyrannen geworden. Es gibt auch schon, wiewohl nicht sehr ausgeprägt, eine Planung der Zeitnutzung. Der schwedische Schriftsteller Vilhelm Moberg schrieb über seine Jugend Anfang dieses Jahrhunderts, als in Schweden der Lebensstandard noch nicht sehr hoch war:

In meiner Kindheit hatte es niemand eilig. Die Leute arbeiteten zwar sehr viel und meist sehr hart, aber es war ihnen niemals Hast anzumerken. Als ich dann diese Umgebung verließ und später wieder mein Elternhaus besuchte, bemerkte mein Vater meine Nervosität und Unruhe und fragte mich: »Warum hast du's denn so eilig, mein Junge? Du kommst schon rechtzeitig ins Grab ...[16]*«*

Was die Einkommenshöhe betrifft, so gehört auch Japan bis jetzt noch in diese mittlere Kategorie. Es scheint, daß in Japan die Einstellung zur Zeit und ihrer Verwendung mit dem übereinstimmt, was die hier vorgetragene Theorie erwarten läßt. Robert J. Smith beschreibt die Einstellung der Japaner zur Zeit wie folgt:

»Eine Eigenart des Lebens in Japan, welche im späteren Leben die Anpassung ziemlich leichter macht, als es in manchen anderen Gesellschaften der Fall ist, ist der japanische Begriff von der Zeit und ihrer Einteilung. Die Japaner lassen sich weder von der Uhr tyrannisieren, noch legt man hier viel Gewicht auf die zeitliche Einteilung von Tätigkeiten. Die Arbeit wie die Freizeitbeschäftigungen nehmen oft einen unvorhersehbaren Ablauf. Japanische Büroangestellte beispielsweise machen sich nicht viel daraus, ohne Zuschlag Überstunden zu machen oder gar die Nacht durch zu arbeiten, wenn sie darum gebeten werden. Die Mahlzeiten werden nicht unbedingt zur festgesetzten Zeit eingenommen, und es ist nicht weiter tragisch, wenn man ein Essen ausläßt. Berüchtigt ist die lässige Einstellung zu Verabredungen, und es ist angebracht, darauf hinzuweisen, daß Gäste oft vor oder nach einer beiläufig verabredeten Zeit kommen. Verabredungen lange vorher zu treffen, wird nicht für wichtig gehalten, denn man erwartet, daß jedermanns Zeitplanung so elastisch ist, daß er sich auf jeden etwaigen Notfall einrichten kann. Nicht einmal die Veränderungen, welche die vergangenen hundert Jahre der Industrialisierung mit sich brachten, haben dieses Bild völlig gewandelt[17]*.«*

Auch der Mead-Report kann hier noch einmal zitiert werden. Er bietet einige interessante Einzelheiten über die Einstellung zur Zeit in dem ebenfalls weder armen noch reichen Griechenland.

Die Griechen »verbringen« die Zeit; Zeit zu sparen, zu sammeln oder einzusetzen, das kennen sie nicht ... Obwohl Bewohner der Städte meinen, dieses Bild ändere sich, sie seien sich heute der Notwendigkeit bewußt geworden, die Zeit zu nutzen, herrscht diese Haltung doch noch weitgehend vor ...
Die Uhr beherrscht den Griechen nicht: Sie befiehlt ihn nicht aufzustehen, mit der Feldarbeit zu beginnen. Trotz der Veränderungen in den letzten Jahren stehen in den meisten Dörfern die Bauern nach wie vor bei Sonnen-

aufgang oder im Morgengrauen auf, um auf ihre Felder zu gehen. Bei Sonnenuntergang kehren sie zurück. Der Tag ist für die Arbeit da. Abends machen die Frauen Besuche und schwatzen; die Männer schließen sich ihnen an oder gehen ins Kaffeehaus; man erzählt sich Geschichten, führt heftige politische Diskussionen; und was Arbeiten nach Einbruch der Dunkelheit betrifft – »der Tag schaut sie an und lacht«. Überall, wo es nicht anders vorgeschrieben ist, werden die Geschäfte nach Gutdünken, nicht nach der Uhrzeit geöffnet; in den Städten allerdings lebt der Grieche heute nach der Uhr, weil er sich nach staatlichen und gewerkschaftlichen Vorschriften richten muß ... Den Griechen ist es zuwider, sich in ihrem Tun nach äußeren Grenzen zu richten; daher kommen sie entweder zu früh oder zu spät, vorausgesetzt, daß überhaupt eine Zeit bestimmt wird. Beim Gottesdienst warten die Leute nicht ungeduldig auf den Beginn, und die Kirche füllt sich nur allmählich. Sie wissen, wann man zur Kirche geht, doch wenn ein ausländischer Besucher sich nach dem Beginn eines Gottes-dienstes erkundigt, entsteht eine Diskussion, und schließlich wird etwa die Antwort herauskommen: »Zwischen zwei und drei.« Und wenn traditions-bewußte Griechen jemanden einladen, sagen sie nicht: »Kommen Sie um sieben«, sondern: »Kommen Sie uns doch besuchen.« Rechtzeitig zum Essen zu erscheinen ist eine Kränkung, als wäre man nur des Essens wegen gekommen. Man kommt zu Besuch, und schließlich wird das Essen aufgetragen. Griechen, die sich an das moderne Stadtleben gewöhnt haben, ist dieser Brauch heute lästig ...

Das Essen wird nicht für eine bestimmte Zeit vorbereitet, und die Frau des Hauses kocht nicht nach der Uhr. Sie verläßt sich auf den Geruch oder die Zusammensetzung, auf die Farbe des Gerichts oder das Gefühl, das sie beim Umrühren hat ...

Griechische Männer und Frauen arbeiten fleißig, aber am besten nach ihrem eigenen Rhythmus; jeder Zwang zur Eile ist eine äußere Einmi-schung, die Unruhe schafft und stört. Eine gute Leistung wird gewöhnlich dann erzielt, wenn man sie nicht bewußt anstrebt.

Besonders zuwider ist es Griechen, wenn sie beim Essen an die Zeit denken sollen, obwohl sie sich dazu bequemen müssen, wenn in Fabriken Zeit-grenzen festgesetzt werden. Das Essen wird aufgetragen, wann es fertig ist, ohne Rücksicht auf einen möglichst zweckmäßigen Verzehr. Der Fisch ist nicht entgrätet, Nüsse bleiben in den Schalen, das Obst ist nicht in Stücke geschnitten. Der Essende braucht viel Zeit, um winzige Stückchen vom Kopf eines kleinen Fisches abzulösen. All dies gehört zum Vorgang des Essens, das nicht nur ein bloßes Verzehren ist ... Nach der Tradition des Landes gibt der Grieche, der gegen die Zeit arbeitet, seine Freiheit preis ...[18]

Für unser Bestreben, den Einfluß von Einkommenssteigerungen auf die Zeitknappheit und damit auf die Lebensgestaltung zu verstehen, sind besonders die Veränderungen in der Einstellung zur Zeit wichtig, die in den Städten auftreten, Veränderungen, auf die dieser Bericht nachdrücklich hinweist. Das Einkommensniveau ist in den Städten wahrscheinlich höher, so daß sich die zunehmende Zeitknappheit hier zuerst bemerkbar macht.

Kulturen mit »Zeit-Hunger«

Walter Kerr äußert seine Überraschung über das zunehmende Lebenstempo mit folgenden Worten: »Ist es nicht seltsam, daß ein Jahrhundert, das von Rechts wegen in der ganzen Geschichte das gemächlichste sein sollte, als das schnellste gilt und verurteilt wird[19]?«

Es ist soweit gekommen, daß in den reichen Ländern jeder Schlendrian bei der Verwendung der Zeit, soweit überhaupt möglich, ausgeschaltet worden ist. Die Einstellung zur Zeit wird ganz allein von der äußersten Knappheit des Gutes diktiert. Auf der faulen Haut liegen – damit ist es vorbei. Die »Verwaltung des Ich« ist wichtig geworden. Wir verstehen uns vielleicht nicht sehr gut darauf, aber wir wissen, daß sie eine erstrebenswerte Kunst ist. Der Taschenkalender wird zu unserem wichtigsten Buch. Verlieren wir ihn, fühlen wir uns selbst verloren. Die Pünktlichkeit ist zu einer Tugend geworden, die wir auch von unseren Mitmenschen verlangen. Warten heißt heute Zeitverschwendung und macht die Menschen in den reichen Ländern reizbar. Nur Fehler in der Verwaltung des eigenen Ich oder die Rücksichtslosigkeit anderer führen zu kurzen – und höchst irritierenden – Perioden erzwungener Untätigkeit. Die Menschen sind beherrscht vom Gedanken an die Uhr. Wir leben, wie George Woodcock[20] gesagt hat, unter der Tyrannei der Uhr. Diese Tyrannei hat sich im Gleichschritt mit unserer erfolgreichen Revolution gegen die Diktatur materieller Armut entwickelt.

Diese Beschreibung einer an »Zeit-Hunger« leidenden Kultur mag übertrieben erscheinen, wenn man sie nur als eine Darstellung heutiger Verhältnisse sieht. Mit zunehmender Erhöhung des Einkommensniveaus wird sie aber immer mehr den Gegebenheiten entsprechen. Schon heute entspricht sie vielen Einzelsituationen. Einen Einblick in Einstellungen zur Zeit und deren Folgen in den reichen Ländern gewährt etwa das Buch »Crestwood Heights«[21], das Ergebnis fünfjähriger intensiver Beobachtung des Lebens in einer wohlhabenden Vorstadt in Kanada. Die drei Autoren, J. R. Seely, R. A. Sim und E. W. Loosley, sind Soziologen und Psychologen. Ein Kapitel widmen sie der Beschreibung von Einstellungen zur Zeit. Das Bild, das dabei entsteht, gibt eine lebendige Vorstellung vom Leben in einer zeithungrigen Kultur.

In Crestwood Heights scheint die Zeit geradezu die allerhöchste Dimension des Lebens ... Eine städtische Bevölkerung mit ihren verzweigten wechselseitigen Abhängigkeiten ist beinahe gezwungen, synchronisierte Zeitpläne anzunehmen ... Seine Frau hat ihre eigenen Beschäftigungen außerhalb des Heims, die sorgfältig geplant sind ... Die Kinder müssen pünktlich zur Schule, zu bestimmten Zeiten zum Zahnarzt und in die Tanzstunde, und sie entwickeln zahlreiche gesellschaftliche Aktivitäten. Das Leben zu Hause ist wirklich oft hektisch ... Aber das Wesen des sekundären Gruppenlebens, außerhalb des primären Kreises der Familie, kann kaum sehr viel von dieser Simplizität zulassen, und die daraus entstehenden Zeitansprüche geben den Eltern ständig das Gefühl, sie müßten sich und dem Kind unbedingt die Tugenden der Pünktlichkeit und Regelmäßigkeit einschärfen, bei den Essenszeiten, beim Aufbruch zum Picknick und bei derartigen Anlässen ... Das Phänomen, das die Bewohner von Crestwood »Druck« nennen, entsteht durch diese Konzentration von Anforderungen an begrenzte Zeiteinheiten ... Niemand wird mehr bewundert als ein Mensch, der sich »nie aus der Ruhe bringen« läßt, der das Gleichmaß im Leben bewahrt ... Der Terminkalender und das Notizbuch mit den Verabredungen erleichtern diesen gleichmäßigen Fluß.

Es ließe sich eine Menge ähnlichen Materials zitieren. Es mag den Leser interessieren – und überraschen –, wie sehr den Bürgern Stockholms an der genauen Uhrzeit gelegen ist: Im Jahre 1966 gab es nicht weniger als achtzehn Millionen Anrufe bei der telefonischen Zeitansage, das heißt etwa fünfzehn Anrufe pro Kopf. Dies und entsprechende Zahlen aus anderen Ländern und Städten lassen erkennen, wie groß die Zahl derer ist, die ein Leben nach striktem Zeitplan führen.

Lob des Müßiggangs

Das angeführte anthropologische und soziologische Material widerspricht zumindest nicht der These, daß eine geringer werdende Güterknappheit zu einer zunehmenden Zeitknappheit führt und daß diese relativen Veränderungen im gesellschaftlichen Zusammenleben tiefe Spuren hinterlassen. Was ist von diesem steigenden Tempo zu halten? Unser endgültiges Urteil – falls etwas Derartiges überhaupt möglich ist – muß aufgeschoben werden, bis wir Gelegenheit gehabt haben, die Auswirkungen wirtschaftlicher Entwicklung oder den Gebrauch der Zeit im Hinblick auf andere Dinge als dieses zunehmende Lebenstempo eingehender zu betrachten. Doch scheinen mir bereits in diesem Stadium gewisse begrenzte Aussagen darüber möglich, was die Beschleunigung des Tempos bewirken kann.

Zunächst einmal können wir feststellen, daß sie gewisse Risiken einer zurückgehenden Effizienz der Zeitnutzung mit sich bringt. Blockierungserscheinungen des gleichen Typus findet man, wenn Verkehrswege überlastet sind. Zu viele Fahrzeuge ballen sich zusammen und behindern sich gegenseitig. Die Zeit ist eine Straße, auf der bei zu starker Belastung sogar ein wahres Verkehrschaos entstehen kann.

Man kann diese Schwierigkeiten auch als Brucherscheinungen sehen, die durch Überbeschäftigung verursacht werden. Die volle Auslastung unserer Zeitkapazität mag ihr Gutes haben, aber es kann eine Form von »übersteigerter« Auslastung auftreten, die ineffektiv ist – genauso wie auf dem Arbeitsmarkt Überbeschäftigung zu einer weniger produktiven Nutzung der wirtschaftlichen Mittel führen kann. Auf der persönlichen Ebene bedeutet dies die Gefahr eines Streß. Ein ausgefüllter Tagesplan kann dazu führen, daß man von einer Arbeit zur anderen hastet und dabei tatsächlich weniger leistet, als es sonst möglich wäre. Im schlimmsten Fall – und dieser ist bei »Zeit-Hunger« nicht ungewöhnlich – sterben die Leute einen frühen Tod durch Überlastung und Zeitmangel statt wie früher durch Warenknappheit. Die Todesursache ist nun hohe, nicht niedrige Produktivität.

Die Fähigkeit, die eigenen Zeitreserven effektiv zu verwalten, schwankt zwischen verschiedenen Menschen gewaltig. Es kann daher kaum überraschen, daß man in einer an »Zeit-Hunger« leidenden Gesellschaft solche Menschen bewundert, die es fertigbringen, ein hohes Tempo durchzuhalten, und dabei nicht zusammenbrechen. Man erinnere sich: In Crestwood Heights war das Ideal der Mensch, der sich nicht aus der Ruhe bringen läßt. Hier besteht eine Parallele zum Arbeitsmarkt. Was unter Überbeschäftigung zu verstehen ist, hängt weitgehend davon ab, wie der Arbeitsmarkt organisiert ist. Funktioniert er reibungslos, kann es möglich sein, ohne tiefgreifende Störungen ein sehr hohes

Beschäftigungsniveau zu erreichen. Bei einem schlecht funktionierenden Arbeitsmarkt kann sogar eine nur 95prozentige Beschäftigung zu Schwierigkeiten führen.

Ein hohes Tempo bringt aber neben der Gefahr der Ineffizienz auch ein anderes Risiko mit sich. Es besteht die reale Gefahr, daß unsere Fähigkeit, alle unsere materiellen Güter zu genießen, in dem Maße sinkt, in dem wir uns bemühen, die Ergiebigkeit der verfügbaren Zeit durch ein hektischeres Tempo zu steigern. Je mehr die Menschen dem Druck des »Zeit-Hungers« ausgesetzt sind, desto stärker empfinden viele eine rousseausche Sehnsucht nach der ruhigeren Vergangenheit. Auf sie üben Rhythmus und Lebensweise in Griechenland, wie Margaret Mead sie schildert, einen starken Reiz aus, obwohl sie sich als Angehörige einer ruhelosen Kultur bewußt sind, wie schwierig es wäre, in ihrer eigenen Umwelt ein Leben dieser Art zu führen. Manche empfinden den Zeitdruck so stark, daß sie glauben, Menschen mit einem Überfluß an Zeit – und damit in materieller Armut – seien stets glücklicher gewesen. Evans-Pritchards bereits zitierte Ansicht »Die Nuer sind glückliche Menschen« – da sie keinerlei Zeitdruck kennen – ist symptomatisch dafür.

Darüber muß jeder sich seine eigene Meinung bilden. Doch müssen wir uns vor Inkonsequenzen hüten. Zugegeben, das Lebenstempo in armen Ländern ist human, aber andere Verhältnisse sind es nicht. Ein Dasein ohne »Zeit-Armut« bedeutet keineswegs ein Dasein ohne Armut. Im Gegenteil: Früher wurde wirtschaftlich freie Zeit häufig in seelischem Elend zugebracht. Die Beseitigung solcher wirtschaftlich freien Zeit muß als echtes Ziel eines Wachstumsprozesses verstanden werden, nicht einfach als Anpassung an gesteigerte Produktivität. Wir müssen uns vor der mythischen Vorstellung einer Gesellschaft hüten, in der die materiellen Reichtümer der »hektischen Gesellschaft« irgendwie mit dem Zeitüberfluß verbunden sind, wie er in materiell armen Kulturen besteht.

Gibt es überhaupt eine Möglichkeit, zwischen Scylla und Charybdis hindurchzusteuern? Wahrscheinlich schon. Aber dies setzt voraus, daß die Menschen den Wunsch haben, ihre Zeit auf eine Art zu verbringen, die nicht nur vom Warenkonsum bestimmt wird. Wenn der gesamte Wirtschaftsprozeß eine Art Mittel zum Zweck wäre, etwas, was man von materiellen Tätigkeiten loslösen könnte, dann wäre es denkbar, unsere ökonomischen Ziele in Bälde zu erreichen, um uns danach Dingen zu widmen, die außerhalb der wirtschaftlichen Analyse liegen. Dann hätten wir die volle

Befriedigung unserer materiellen Bedürfnisse erreicht. Wir befänden uns in einer mittleren Position – mit wenigeren, doch für unseren Bedarf hinreichenden Gütern und reichlich Zeit, die aber wirtschaftlich so gesichert wäre, daß wir sie nichtwirtschaftlichen Dingen widmen können. Doch diesen Weg haben wir nicht gewählt. Bertrand Russell beklagt in seinem Essay »In Praise of Idleness«[22], daß wir eine Richtung eingeschlagen haben, die er für lächerlich hält. Er drängt uns, den wirtschaftlichen Fortschritt als ein Mittel zu sehen, das uns aus dem Wirtschaftsprozeß entlassen und »Müßiggang« ermöglichen kann, das heißt jene Muße, die man der Pflege des Geistes widmet. Statt dessen, so schreibt er, lassen wir zu, daß eine erhöhte Produktion eine wachsende Zahl materieller Dinge erzeugt, die sämtlich Anforderungen an uns stellen. Russell beklagt, daß wir lernen, innerhalb einer bestimmten Zeit doppelt so viele Nadeln zu produzieren, statt eine bestimmte Menge in der halben Zeit. Dies freilich muß geschehen, wenn wir in einer warenbezogenen Konsumwirtschaft leben und vor uns die Möglichkeit sehen, die Ergiebigkeit unserer Zeitreserven zu erhöhen, indem wir den Verbrauch intensivieren, wenn erhöhte Einkommen es zulassen. Russell klagt: »Früher gab es eine Fähigkeit zu Frohsinn und Spiel, die in gewissem Maß durch den Tüchtigkeitskult gehemmt worden ist. Der moderne Mensch glaubt, daß alles um einer anderen Sache und nicht um seiner selbst willen getan werden sollte.«

3   Die Arbeitszeit

> Die Arbeit ist bislang die einzige ersonnene Beschäftigung,
> welche die Menschheit nicht nur in der kleinstmöglichen
> Dosierung zu ertragen vermag.
>
> C. E. M. Joad[23]

Der doppelte Effekt der Arbeitszeit

Die Nutzungsmöglichkeiten der Zeit sind wechselseitig abhängig;
die Zeitverteilung muß gleichzeitig erfolgen. Die uns interessie-
renden Produktivitätsänderungen wirken durch die Arbeitszeit,
und daher sollte man zuerst die Arbeitszeitänderungen untersuchen. Diese Änderungen bestimmen nicht nur die Zeit für andere
Tätigkeiten, sondern auch die Einkommenshöhen auf den höheren
Produktivitätsniveaus. Die durchschnittliche Verbrauchszeit und
Unterhaltszeit pro Konsumgut werden somit durch die Dauer der
Arbeitszeit und deren Änderungen infolge erhöhter Produktivität
bestimmt.

Was geschieht mit der Dauer der Arbeitszeit?

In der Wirtschaftstheorie hat man zu ergründen versucht, wie eine
Produktivitätssteigerung sich auf die Dauer der von den Verbrau-
chern gewünschten Freizeit auswirken könnte. Da Freizeit in
diesen grobgeschnitzten Modellen als Nicht-Arbeitszeit definiert
wird, wurde gleichzeitig die Frage erörtert, wie die Arbeitszeit
sich verändern würde. Aus deduktiven Gründen war es jedoch
unmöglich, zu irgendeiner Schlußfolgerung über die Art dieser
Veränderungen zu kommen. Die Arbeitszeit kann zu- oder abnehmen. Wenn die Produktivität steigt und sich die Einkommen –
bei konstanter Zeitverteilung – erhöhen, kann man sich mehr von
den verschiedenen Dingen leisten, auf die man Wert legt. Dies
sollte bedeuten, daß man auch mehr Freizeit wünschte und deshalb
die Arbeitszeit reduzierte. Aber wenn das Produktivitätsniveau
steigt, ändern sich die relativen Preise verschiedener Nutzgüter.
Freie Zeit wird im Verhältnis zu allen anderen Dingen relativ

teurer. Dies wiederum ließe es angezeigt erscheinen, die Freizeit zu beschränken. So begegnet man zwei gegensätzlichen Wirkungen: einem Einkommenseffekt auf kürzere und einem Substitutionseffekt auf längere Arbeitszeit gerichtet. Es ist unmöglich, von vornherein anzugeben, welche dieser beiden Kräfte die stärkere ist. Deshalb ist die Bestimmung, wie die Arbeitszeit durch Produktivitätssteigerungen beeinflußt wird, ein rein empirisches Problem. Die Mehrzahl der Menschen, so scheint es, hält es für selbstverständlich, daß die Arbeitszeit sich verringern wird. Eine sorgfältigere Beschäftigung mit dieser Frage – die Kapitel 11 vorbehalten bleiben muß – zeigt indessen, daß die tatsächlich eintretenden Veränderungen keineswegs geklärt sind.

Die herrschende Wirtschaftstheorie betrachtet den Verbrauch als eine Handlung ohne jede zeitliche Dimension und sieht in der Freizeit ein separates Gut unter allen anderen. Aber selbst wenn man statt dessen den Verbrauch als einen Prozeß auffaßt, bei dem Zeit und Verbrauchsgüter kombiniert werden, erkennt man leider nicht sehr viel deutlicher, wie die Arbeitszeit durch eine Einkommenssteigerung beeinflußt wird. Selbst wenn man bemerkt, daß eine Zunahme des Volumens der Verbrauchsgüter gewisse zeitliche Anforderungen für deren Erhaltung und Verbrauch stellt, kann man trotzdem nicht entscheiden, ob die Verbraucher gewillt sind, in einem solchen Maß Zeit durch Güter zu ersetzen, daß die Arbeitszeit zunehmen wird. Wenn wir auch die zentrale Frage nicht ohne einschränkende Annahmen angehen können, so ist es uns doch möglich, einige interessante Beobachtungen zu machen.

Zunächst einmal sollten wir uns darüber klar sein, daß Verminderungen der Untätigkeit sowohl zu Steigerungen der Arbeitszeit wie der Verbrauchszeit führen können. Solche Veränderungen sind wahrscheinlich, vor allem in der Anfangszeit wirtschaftlichen Wachstums.

Zweitens können Veränderungen im Grad der Spezialisierung auftreten. Eine größere oder kleinere Zahl von Aufgaben kann als persönlich bezogene Arbeit ausgeführt werden. Hier wirken Kräfte in verschiedenen Richtungen. Vor allen Dingen ist es wahrscheinlich, daß der Spezialisierungsgrad erheblich wächst. Arbeitsleistungen werden von den Haushalten auf Firmen verlagert. Aber diese Zunahme dessen, was wir unter Arbeitszeit verstehen, braucht nicht reduzierte Verbrauchszeit zu bedeuten. Die Summe der Zeit für spezialisierte Arbeit und persönlich bezogene Arbeit kann sich verringert haben. In armen Ländern, die sich im wirtschaftlichen Wachstumsprozeß befinden, finden wir folglich sowohl eine Zunahme der Arbeitszeit wie der Verbrauchszeit, zum Teil infolge der Absorption wirtschaftlich freier Zeit, zum Teil infolge eines wachsenden Spezialisierungsgrads. Wir stehen vor der Erscheinung, die Arthur Lewis »Wirtschaftsentwicklung mit unbegrenztem Arbeitskräfteangebot«[24] genannt hat. In einer späteren Entwicklungsphase ist es durchaus möglich, daß Funktionen in entgegengesetzter Richtung übertragen werden. Der Spezialisierungsgrad wird abnehmen, wenn alle Güter außerhalb der Haushalte hergestellt werden und zunehmender Verbrauch wachsende Ansprüche an den Unterhalt stellt. Aber trotz einer Abnahme der mit spezialisierter Arbeit verbrachten Zeit kann die Verbrauchszeit gleichwohl zurückgehen. Drittens läßt sich im Fall von Personen mit relativ hohem Stundenlohn feststellen, daß ein höherer Spezialisierungsgrad für sie von Vorteil sein wird. Er wird wiederum die Länge ihrer Arbeitszeit beeinflussen. Zudem wird ihre Zeiteinteilung nicht nur einfach durch die Entwicklung ihrer eigenen Produktivität, sondern auch dadurch bestimmt, wie sich das durchschnittliche Produktivitätsniveau entwickelt, da beide Faktoren auf ihr Realeinkommen wirken. Dieser Zusammenhang ist einer näheren Betrachtung wert. Ein besonderes Problem bei der Entscheidung, wieviel Zeit man mit spezialisierter Arbeit verbringen soll, stellt sich durch die Höhe der Besteuerung. Diese Frage, die offensichtlich nicht nur Leute mit hohem Einkommen betrifft, wird in Kapitel 9 angeschnitten werden.

Viertens spielt es eine große Rolle, ob eine Lohnerhöhung vorübergehend oder von Dauer ist. Ist sie vorübergehend, muß sie zu einer Steigerung der Arbeitszeit führen. Ein Bauer arbeitet in der Erntezeit mehr Stunden am Tag als sonst. Ein Fischer verbringt mehr Zeit auf See, wenn die Heringsschwärme kommen. Wahrscheinlich arbeitet jeder in den Lebensjahren fleißiger, in denen seine Verdienstmöglichkeiten am höchsten sind. Der Grund dieser Zeitverteilung liegt in der Möglichkeit, einen bestimmten Teil seines Einkommens zu sparen. Auf diese Weise kann man Konsum hinausschieben und über eine längere Zeit ein Gleichmaß zwischen Verbrauchsgütern und Verbrauchszeit aufrechterhalten. Man gleicht damit den Ertrag der Verbrauchszeit aus, was wahrscheinlich zu einer Verbesserung des Wohlbefindens insgesamt führt. Wir werden in Kapitel 9 auf dieses Problem zurückkommen. Bis dahin wollen wir annehmen, daß alle Einkommen laufend ausgegeben werden.

Um weitere Aussagen darüber machen zu können, wie Lohnerhöhungen die Länge der Arbeitszeit beeinflussen, müssen wir bestimmte Annahmen machen. Eine sehr plausible Annahme ist die, daß das Volumen an Verbrauchsgütern mindestens ebenso rasch steigen wird wie die Verbrauchszeit. Der Grund unserer Annahme, daß die Verbrauchszeit nicht rascher zunehmen wird als die Anzahl der Güter, liegt darin, daß Waren relativ billiger als Zeit sein werden. Man wird es daher angebracht finden, den Verbrauch »güterintensiver« zu machen. Andererseits können wir sagen, daß man dazu neigt, die Zahl der Güter pro Zeiteinheit des Verbrauchs zu steigern, um den Ertrag dieser Zeit auf das gleiche Niveau wie bei der Produktion zu heben. Veränderungen in der entgegengesetzten Richtung würden bedeuten, daß eine Sättigung der Bedürfnisse eingetreten ist. So ist es auch wahrscheinlich – ja sehr wahrscheinlich –, daß die auf Unterhalt verwendete Zeit nicht rascher zunehmen wird als das Gütervolumen.

Die Feststellung, die Arbeitszeit wird nicht so sehr abnehmen, daß dadurch Verbrauchs- und Unterhaltszeit rascher wachsen als das Gütervolumen, ermöglicht keine Aussage darüber, in welcher Richtung sich die Arbeitszeit verändern wird, wenn das Einkommensniveau steigt. Sie kann zu- oder abnehmen. Wir können lediglich sagen, daß sie im Zusammenhang mit jeder Lohnerhöhung nicht *unter ein bestimmtes Niveau* absinken kann. Für eine Reihe anderer Schlußfolgerungen jedoch reicht es völlig aus, wenn man weiß, wie sich das Verhältnis zwischen dem Einkommen und der Zeit für andere Tätigkeiten ändern wird, wenn das Einkommensniveau steigt.

Ein Zahlenbeispiel

Um ein genaueres Bild zu erhalten, wie sich die Arbeitszeit verändert, wenn das Einkommensniveau steigt, müssen wir zusätzliche – und diesmal weniger wahrscheinliche – Annahmen machen. In einem Zahlenbeispiel wollen wir davon ausgehen, daß die zwei wichtigen Relationen – Verbrauchszeit und Unterhaltszeit pro Verbrauchsgut – konstant sind. Damit gibt es keine Möglichkeit, Zeit durch Güter zu ersetzen, wenn Güter relativ billiger werden. Dies ist nicht besonders wahrscheinlich; wie wir bemerkt haben, stellt es einen Grenzfall dar. Dieser Grenzfall läßt sich jedoch leicht an einem einfachen Rechenexempel studieren. Ein derartiges Beispiel veranschaulicht, welche Wechselbeziehungen zwischen Löhnen und Veränderungen in der Zeitverteilung bestehen. Der betreffende Grenzfall ist auch insofern aufschlußreich, als er einerseits den Unterschied zwischen Zeitaufteilungen auf die fünf Haupttätigkeiten und andererseits Veränderungen innerhalb dieser Tätigkeiten anzeigt. Indem wir die beiden Proportionen konstant machen – zahlenmäßig etwa so, daß Verbrauchszeit und Unterhaltszeit pro Produkt jeweils eine halbe Stunde täglich betragen –, nehmen wir an, daß alle auftretenden Veränderungen zeitliche Neuverteilungen zwischen den Hauptkategorien mit sich bringen. Dann können wir sehen, welche Folgen eintreten würden, wenn diese Proportionen tatsächlich nicht verändert werden könnten. Die Bedeutung der Veränderungen, welche wir in einem späteren Kapitel darstellen werden, tritt dadurch klarer hervor.

In unserem Beispiel wollen wir der Einfachheit halber auch nur drei verschiedene Zeitkomponenten annehmen, nämlich die Arbeitszeit, die Zeit für persönlich bezogene Arbeit und die Verbrauchszeit. Die zu verteilende Gesamtzeit setzen wir auf sechzehn Stunden pro Tag fest. Von der übrigen Zeit wird angenommen, daß sie für Unterhaltsarbeit einer Art verwendet wird, die vom Verbrauchsvolumen nicht direkt berührt wird. Dieser Typus von persönlich bezogener Arbeit umfaßt Zeit, die hauptsächlich für das verwendet wird, was wir »persönliche Instandhaltung« nennen können – also beispielsweise für den Schlaf.

Die Zeitverteilung nach diesen Annahmen wurde in Tabelle 1 für verschiedene Produktivitätsniveaus errechnet. Jede Spalte gibt die gleichmäßige Zeitverteilung bei einem bestimmten Reallohn-Niveau an. Wenn das Produktivitätsniveau bei einer Einheit pro Arbeitsstunde liegt, dann wird die gleichmäßige Zeitverteilung acht Arbeitsstunden bedeuten, in denen acht Einheiten verdient werden. Diese Einheiten (Verbrauchsgüter) werden dann vier Stunden persönlich bezogener Arbeit und vier Stunden Verbrauchszeit erfordern. Dann ist die gesamte verfügbare Zeit genutzt, nämlich sechzehn Stunden.

Wird das Lohnniveau verdoppelt, dann sinkt die Arbeitszeit auf $5^1/_3$ Stunden. In dieser Zeit verdienen wir $10^2/_3$ Einheiten. Diese erfordern $5^1/_3$ Stunden für persönlich bezogene Arbeit und $5^1/_3$ Stunden für den Verbrauch. Damit sind alle sechzehn Stunden genutzt. Steigt das Lohnniveau auf drei Einheiten pro Arbeitsstunde, so arbeiten wir vier Stunden und widmen sechs Stunden persönlich bezogener Arbeit und weitere sechs dem Verbrauch. Das Gesamtvolumen der Verbrauchsgüter beträgt hier zwölf Einheiten. Bewegt sich das Lohnniveau in Richtung »unendlich«, so nähert sich die Arbeitszeit dem Wert null; die Zeit für persönlich bezogene Arbeit und die Verbrauchszeit streben auf acht Stunden zu. Addieren wir Arbeitszeit und Zeit für persönlich bezogene Arbeit, beträgt bei einem Lohnniveau von einer Einheit pro Stunde die Summe zwölf Stunden; steigt das Lohnniveau in Richtung »unendlich«, bewegt sie sich auf acht Stunden zu.

Tabelle 1:
Die Zeitverteilung bei verschiedenen Produktivitätsniveaus – in der Annahme, daß die Proportionen zwischen Gütervolumen und Zeit sowohl in der persönlichen Arbeit wie im Verbrauch fixiert sind, nämlich in jedem Fall eine halbe Stunde pro Produkt.

	Produktivitätsniveau, ausgedrückt durch die Zahl der pro Arbeitsstunde verdienten Verbrauchsgüter					
	1	2	3	4	8	→∞
Arbeitszeit	8	$5^{1}/_{3}$	4	$3^{1}/_{5}$	$1^{7}/_{9}$	→0
Zeit für persönlich bezogene Arbeit	4	$5^{1}/_{3}$	6	$6^{2}/_{5}$	$7^{1}/_{9}$	→8
Summe aus Arbeitszeit und Zeit für persönlich bezogene Arbeit	12	$10^{2}/_{3}$	10	$9^{3}/_{5}$	$8^{8}/_{9}$	→8
Verbrauchszeit	4	$5^{1}/_{3}$	6	$6^{2}/_{5}$	$7^{1}/_{9}$	→8
Gesamtzeit	16	16	16	16	16	16
Zahl der Verbrauchsgüter (Einheiten)	8	$10^{2}/_{3}$	12	$12^{4}/_{5}$	$14^{2}/_{9}$	→16

Wenn man diese Ergebnisse betrachtet, darf man natürlich keinesfalls vergessen, daß sie auf besonderen Annahmen basieren. Abgesehen von der Tatsache, daß mit steigenden Löhnen auch das Volumen der Konsumgüter steigt, können wir über die *Richtung* der verschiedenen Veränderungen keine sicheren Aussagen machen. Wir wissen jedoch, daß sich die Arbeitszeit mit aller Wahrscheinlichkeit nicht rascher verringern kann, als wir es in der Tabelle oben gezeigt haben, da in diesem Falle die Verbrauchszeit rascher ansteigen würde als das Gütervolumen – eine Möglichkeit, die wir ausschließen können. Daraus geht hervor, daß die Verbrauchszeit nicht rascher steigen kann als in der Tabelle. Auch die persönlich bezogener Arbeit gewidmete Zeit kann nicht rascher zunehmen als in unserem Beispiel – zumindest nicht ohne einen geringeren Spezialisierungsgrad. Wenn wir von unserer Annahme abgehen, daß die Verhältnisse zwischen Zeit und Gütervolumen in der persönlich bezogenen Arbeit wie im Verbrauch fixiert sind, dann verringert sich die Arbeitszeit langsamer als in Tabelle 1. Wenn es sehr leicht ist, Verbrauchszeit durch Güter zu ersetzen, dann kann sie sogar zunehmen. Wenn Zeit und Verbrauchsgüter nicht unbedingt genau fixierte Proportionen zueinander aufweisen, bedeutet dies auch – und das ist eine sehr wesentliche Konsequenz –, daß das Verbrauchsgütervolumen nicht ein Maximum anzustreben braucht, wie es in unserem Beispiel der Fall ist.

Die Arbeitszeit der Großverdiener

Bisher haben wir angenommen, daß jeder einzelne den gesamten Unterhalt seiner Verbrauchsgüter persönlich besorgt, das heißt, daß man nicht einen Teil seines Einkommens darauf verwendet, Dienstleistungen dafür zu erwerben. Diese Annahme wurde der Einfachheit halber gemacht. Ändert sich diese Voraussetzung, so ändert sich auch die Zeitverteilung. Das Ausmaß, in dem die Zeitverteilung beeinflußt wird, hängt von unseren rechnerischen Annahmen ab. Interessante Unterschiede in den Ergebnissen sind aber erst dann zu beobachten, wenn wir nicht von durchschnittlichem, sondern hohem Einkommen ausgehen. Und da in der Praxis der Spielraum für einträgliche Spezialisierung in dieser Kategorie größer sein muß, lohnt es sich, die Einflüsse zu untersuchen, welche Veränderungen der Arbeitszeit hoher Einkommensgruppen bewirken.

Zur Illustration der Unterschiede können wir wieder ein Zahlenbeispiel konstruieren. Wir wollen annehmen, daß eine bestimmte Person die Hälfte ihrer Verbrauchsgüter selbst unterhält und dafür pro Gut eine halbe Stunde braucht. Für den übrigen Unterhalt nimmt sie Dienstleistungen in Anspruch. In Spalte 1 der Tabelle 2 haben wir angenommen, daß das Produktivitätsniveau des Beziehers eines höheren Einkommens doppelt so hoch wie der Durchschnitt ist. Er muß somit eine halbe Stunde arbeiten, um eine Stunde der Zeit des Durchschnittsverdieners in Anspruch zu nehmen. Wie sich das auf die Zeitverteilung auswirkt, hängt von den Veränderungen ab, welche im durchschnittlichen Produktivitätsniveau sowie in dem des Betreffenden mit hohem Einkommen eintreten. In Spalte 2 haben wir angenommen, daß seine eigene Produktivität sich verdoppelt hat, während die durchschnittliche gleichbleibt. Aufgrund unserer Annahme nimmt dann die Arbeitszeit ab. Wir erhalten die gleichen Veränderungen wie in Tabelle 1. In Spalte 3 haben wir dagegen angenommen, daß die Durchschnittsproduktivität zunimmt. In diesem Fall steigt die Arbeitszeit, weil das Realeinkommen des Betreffenden sich verschlechtert hat. Er muß für Dienstleistungen mehr bezahlen. Wir erhalten die gleichen Ergebnisse, als hätten wir in Tabelle 1 einen Rückgang der Produktivität angenommen; und dies, obwohl das eigene Produktionsniveau unverändert bleibt.

Was geschieht nun, wenn beide Produktivitätsniveaus sich gleichzeitig verändern? Das ist die interessanteste Frage. Die Antwort hängt davon ab, wie sehr sie sich verändern und welchen Anteil seines Gesamteinkommens der »Großverdiener« für Dienstleistungen verwendet. Wenn wir – wie in Spalte 3 – annehmen, daß er $1/3$ seines Einkommens für Dienstleistungen aufwendet ($7 1/9$ in Relation zu $21 3/9$) und daß das allgemeine Produktivitätsniveau um 200 Prozent steigt, dann muß seine Produktivität um $2/3$ steigen, wenn sich seine Situation nicht verändern soll. Um zu sehen, welche Gehaltserhöhung er braucht, um die gestiegenen Kosten für Dienstleistungen auszugleichen und damit den Status quo zu erhalten, multipliziert man den entsprechenden Anteil seines Budgets mit dem allgemeinen Produktivitätsanstieg. Die Zahlen der Spalte 4 sind auf diese Weise zustande gekommen. Gesamtarbeitszeit, Verbrauchsvolumen und Verbrauchszeit bleiben unverändert. Eingetreten ist eine radikale Neuverteilung der Zeit für die Beschaffung von Konsumgütern für den eigenen Verbrauch und der Zeit für die Beschaffung von Gütern zur Bezahlung von Dienstleistungen.

Wäre die Produktivität des Beziehers eines höheren Einkommens zwar gestiegen, aber nicht so stark wie beim Übergang von Spalte 3 zu Spalte 4, dann wäre sein Realeinkommen gesunken. Trotz seiner höheren Produktivität hätte seine Arbeitszeit zu- und seine Verbrauchszeit abgenommen. Seine Gesamtproduktion wäre gewachsen, aber sein Verbrauch würde trotzdem abnehmen. Diese Umstände können bei der Bewertung interessant sein, wie die Arbeitszeit von Beziehern hoher Einkommen sich tatsächlich verändert hat.

Wir sehen, daß die Arbeitszeit des Beziehers eines hohen Einkommens infolge einer gewissen Einkommensabflachung stetig zunimmt. Wir stellen auch fest, daß seine Arbeitszeit *länger als die des Durchschnittsverdieners* ist. »Freizeit für die Massen und Mühsal für die Oberen« – so hat Tibor Scitovsky[25] die gegenwärtigen Veränderungen beschrieben. In Spalte 4 beträgt die Arbeitszeit der Bezieher höherer Einkommen $5 1/3$ Stunden, während der Durchschnittsverdiener, wie wir Tabelle 1 entnehmen können, bei einem Produktivitätsniveau von 6 Einheiten pro Stunde eine kürzere Arbeitszeit hat. Dies resultiert nicht daraus, daß die Bezieher höherer Einkommen arbeitsbesessen wären; es rührt vielmehr daher, daß sie spezialisierte Arbeit verrichten, um die Zeit für persönlich bezogene Arbeit verringern zu können. Aus diesem Grund ist die Summe aus Arbeitszeit und Zeit für persönlich bezogene Arbeit beim Durchschnittsverdiener höher als beim Bezieher eines hohen Einkommens.

Diese Gegebenheiten bedeuten aber, daß wir uns nicht mit der üblichen groben Aufteilung in Arbeits- und Freizeit zufriedengeben können, wenn wir die Wechselbeziehungen zwischen Einkommensgruppe und Arbeitszeit studieren.

Eine Darstellung der verschiedenen Veränderungen der Arbeitszeit, die in der Praxis auftreten, bleibt aus mehreren Gründen Kapitel 11 vorbehalten.

Tabelle 2:

Zeitverteilung des Beziehers eines hohen Einkommens oder bestimmte Annahmen zu seiner Produktivität und dem durchschnittlichen Produktivitätsniveau. Es wird davon ausgegangen, daß der Betreffende persönlich den Unterhalt der Hälfte der in seinen Konsum eingeschlossenen Güter besorgt. Im übrigen gelten die zahlenmäßigen Annahmen wie in Tabelle 1.

	Produktivitätsniveaus			
	Eigenproduktivitätsniveau, ausgedrückt durch die Zahl der pro Arbeitsstunde verdienten Güter			
	2	4	4	$6^2/_3$
	Durchschnittsproduktivität; hier angegeben als Zahl der Güter, die X für eine Stunde Dienstleistungen eines anderen Verdieners ausgeben muß			
	1	1	2	6
Arbeitszeit für den Erwerb von Konsumgütern	$5^9/_{11}$	$3^{13}/_{17}$	$3^5/_9$	$2^2/_{15}$
Arbeitszeit für den Erwerb von Dienstleistungen	$1^5/_{11}$	$^{16}/_{17}$	$1^7/_9$	$3^2/_{10}$
Gesamtarbeitszeit	$7^3/_{11}$	$4^{12}/_{17}$	$5^1/_3$	$5^1/_3$
Zeit für persönlich bezogene Arbeit	$2^{10}/_{11}$	$3^{13}/_{17}$	$3^5/_9$	$3^5/_9$
Verbrauchszeit	$5^9/_{11}$	$7^9/_{17}$	$7^1/_9$	$7^1/_9$
Gesamtzeit	16	16	16	16
Zahl der Verbrauchsgüter des Eigenverbrauchs	$11^7/_{11}$	$15^1/_{17}$	$14^2/_9$	$14^2/_9$
Zahl der Güter als Bezahlung für Dienstleistungen	$2^{10}/_{11}$	$3^{13}/_{17}$	$7^1/_9$	$21^1/_3$
Gesamtproduktion	$14^6/_{11}$	$18^{14}/_{17}$	$21^3/_9$	$35^5/_9$

4 Die Verschlechterung der Dienstleistungen in der Dienstleistungswirtschaft

Besitz kann dem Besitzer mehr nehmen,
als er ihm gegeben hat.
»Wenn ich mir eine Kuh halte«, sagte Emerson,
»melkt mich diese Kuh.«

H. V. Routh[26]

Zwei Dienstleistungssektoren

Menschen und Güter brauchen Pflege und Unterhalt, und der Unterhalt braucht Zeit. Wir brauchen Zeit, um unseren Körper zu »unterhalten«. Wir müssen schlafen, essen und uns die Zähne putzen. Wir brauchen Zeit, um uns um die Kinder, die Alten und die Kranken zu kümmern – um andere Menschen zu »unterhalten«. Wir brauchen Zeit, um uns um verschiedene Güter zu kümmern und sie in Ordnung zu halten. Wir müssen kochen, waschen, Haus- und Gartenarbeiten erledigen. Wir brauchen auch Zeit, um verschiedene finanzielle Aufgaben zu erfüllen. Wir müssen unser Kapital verwalten (falls wir welches besitzen), Buch führen, Einkommenssteuererklärungen ausfüllen und Entscheidungen darüber treffen, was wir kaufen und was wir nicht kaufen. In der Praxis ist es vielleicht schwierig, eine Grenze zwischen Verbrauchs- und Unterhaltszeit zu ziehen. Das Essen kann Vergnügen oder eine Form persönlich bezogener Arbeit sein. Aber trotz dieser Schwierigkeit gibt es einen Unterschied zwischen der Zeit, die dem Genuß von Konsumgütern dient, der Zeit, die der Fürsorge für die Menschen gewidmet ist, die diese Güter genießen sollen, und der Zeit, die für den Unterhalt der Güter selbst aufgewendet wird.

Diese Unterhaltsarbeit besorgen wir nicht unbedingt immer allein. Es gibt immer die Möglichkeit, durch Spezialisierung eine Anzahl von Funktionen einem kommerziellen Dienstleistungssektor zu übertragen. Wie weit dies in der Praxis geschieht, hängt davon ab, was eine solche Spezialisierung einbringt. Dies hängt wiederum weitgehend vom Einkommensniveau des einzelnen ab. Je mehr man im Vergleich zu den anderen verdient, um so mehr lohnt es, sich zu spezialisieren. Aber selbst für den Durchschnittsverdiener

– mit dem sich dieses Buch vor allem beschäftigt – ist ein gewisser Spezialisierungsgrad lohnend. Der Wohlstand der reichen Länder rührt weitgehend von der Arbeitsteilung her. In der Güterproduktion sind die Gewinne, die dadurch erzielt werden können, so groß, daß wir annehmen dürfen, daß alle derartige Produktion spezialisiert ist. Die Gewinne beim Unterhalt sind jedoch nicht so groß. Eine beträchtliche Zahl dieser Arbeiten wird wahrscheinlich immer ausgeführt werden, sogar als persönlich bezogene Arbeit.

Wenn wir uns Klarheit darüber verschaffen wollen, warum die Arbeitsteilung beim Unterhalt so begrenzt ist, können wir zunächst beobachten, daß es – wenn wir gesund sind – einfacher für uns ist, die Pflege unseres Körpers größtenteils selbst zu besorgen. Wir können schwerlich andere für uns schlafen lassen, selbst wenn diese auf dem Gebiet anscheinend mehr leisten. Wir könnten vielleicht jemanden anstellen, der uns die Zähne putzt, aber damit ist nicht viel gewonnen. Sogar der Sonnenkönig hat sich wahrscheinlich – wenn überhaupt – selbst die Zähne geputzt. Was den Unterhalt, die Wartung von Gütern betrifft, so stellen wir fest, daß auch hier die Vorteile der Arbeitsteilung dadurch begrenzt sind, daß sich die Mechanisierung weniger lohnt wie bei der Herstellung. Falls keine umfangreiche mechanische Ausrüstung vonnöten ist, wird man es einfacher finden, die Wartung selbst zu besorgen. Und die Vorteile, welche die Arbeitsteilung trotzdem mit sich bringt, verschwinden oft, wenn wir die Transportkosten berücksichtigen. Selbst wenn ein Schneider das Annähen von Knöpfen besser beherrscht als ich, ist es vielleicht doch zu kompliziert, wegen eines einzigen Hemdes zu ihm zu gehen; auch wenn ein Elektriker Glühbirnen geschickter auswechselt als ich, braucht er doch länger, wenn man den Weg rechnet. Auch wird die Spezialisierung oft durch die Schwierigkeit behindert, sich einen klaren Überblick über den Markt zu verschaffen, auf dem wir den richtigen Mann oder die richtige Firma für die betreffende Arbeit finden können. Schließlich wird die Rentabilität der Spezialisierung noch durch die Besteuerung beeinflußt. Wenn die Vorteile, welche die Arbeitsteilung gewährt, beim Unterhalt am geringsten sind, reduziert vor allem die Besteuerung das Volumen dieser dem spezialisierten Dienstleistungssektor übertragenen Arbeiten.

Gesteigerter Bedarf an Dienstleistungen

Mit wachsendem Konsumgütervolumen steigt auch der Bedarf an Pflege und Wartung dieser Güter. Wir müssen größere Häuser sauberhalten, größere Gärten pflegen, das Auto waschen, das Boot für den Winter verstauen, das Fernsehgerät zur Reparatur bringen, mehr Entscheidungen über Ausgaben treffen. Was die körperliche Pflege betrifft, so hat das Wirtschaftswachstum keine solche direkte Wirkung. Es ist allerdings möglich, daß höhere Einkommen indirekt zu größeren Ansprüchen an die eigene Pflege führen. Die zunehmende Belastung eines hektischeren Lebens kann das Bedürfnis nach »Human Service« steigern. Die technischen Neuerungen, welche wirtschaftliches Wachstum ermöglichen, können auch zu einem Anstieg der Lebenserwartung und Mehrbedarf an Altenfürsorge führen.

Bei unserem Zahlenbeispiel, das wir bei der Erörterung der Länge der Arbeitszeit benutzten, ergab sich, daß wirtschaftliches Wachstum zu einer deutlichen Zunahme der Zeit für persönlich bezogene Arbeit führt. Dieses Beispiel basiert auf der Annahme, daß die Unterhaltszeit pro Gut sich bei wachsendem Verbrauchsgütervolumen nicht ändert. Mit dieser Annahme soll betont werden, wie wichtig das Ausmaß ist, in dem sich die Unterhaltszeit pro Produkt ändert. Höchstwahrscheinlich wird sie sich verändern. Die Kräfte, die durch eine Einkommenssteigerung in dieser Richtung freigesetzt werden, sind sehr bedeutsam, wenn wir untersuchen, wie Qualität und Quantität des Unterhalts durch Wirtschaftswachstum beeinflußt werden.

Die Qualität des Unterhalts

Veränderungen im durchschnittlichen Unterhalt pro Produkt werden durch den Sektor bestimmt, auf dem die Produktivität am raschesten steigt. Wächst die Produktivität in der Güterproduktion mehr als bei den Dienstleistungen, dann wird der Unterhalt im Verhältnis zu Gütern immer teurer. In diesem Fall wird es sich lohnen, den Unterhalt pro Produkt zu verringern und dafür eine entsprechende Menge Zeit auf hochproduktive Arbeit zu verwenden, um die wartungsbedürftigen Güter zu ersetzen. Hier handelt es sich um das sogenannte »Wegwerf-System«. Der Unterhalt pro Einzelgut ist auf ein Niveau gesenkt, wo wir Wartung nur vornehmen, wenn der Ertrag dem Niveau des Stundenverdienstes bei spezialisierter Arbeit entspricht. Wenn statt dessen die Produktivität auf dem Dienstleistungssektor stärker steigt als bei der Produktion, dürfte das Gegenteil eintreten. Dann lohnt es sich, unsere Arbeitszeit zu reduzieren und die Unterhaltszeit pro Gut zu verlängern.

Der Fall, der für uns am interessantesten erscheint, ist eine Verringerung der Wartungszeit pro Gut infolge langsameren Produktivitätsanstiegs im Dienstleistungssektor. Dies bedeutet eine Qualitätsminderung des geleisteten Unterhalts. Ist eine derartige Verminderung technisch möglich? In der normalen Produktion gibt es zweifelsohne Situationen, in denen es unmöglich scheint, die Dienstleistungen pro Gut zu verringern. Wir können beispielsweise nicht die Wartung für Flugzeuge ohne unangenehme Folgen reduzieren. Es ist jedoch wahrscheinlich, daß die Unterhaltszeit im Verbrauch mehr schwankt als in der Produktion. Ein Grund dafür liegt darin, daß viele Unterhaltsleistungen nur dazu dienen, die Annehmlichkeit bei der Benutzung von Gütern zu erhöhen, und nicht ihre technische Funktion gewährleisten. Wir waschen unser Auto, damit es gut aussieht, nicht damit es gut läuft. Wenn wir wollen, können wir bei dieser Art von Wartung durchaus Einsparungen machen.

Aber selbst dann, wenn die Pflege der technischen Instandhaltung von Verbrauchsgütern dient – wie das Abschmieren eines Autos –, gibt es einen großen Spielraum für die Wartung eines Produkts. Das hat zwei Gründe. Zunächst hängt der Wartungsbedarf davon ab, wie alt die Güter sind. Je älter sie werden, um so mehr Pflege brauchen sie. Wenn wir also Güter früher abstoßen, verringert sich der Pflegebedarf. Dies muß sogar für so empfindliche Konstruktionen wie Flugzeuge gelten. Dann können wir uns entschließen, an der Wartung zu sparen, wenn dies nur bedeutet, daß die fraglichen Güter sich rascher abnützen und früher ersetzt werden müssen. Wenn die Dienstleistungskosten steigen, kann man einen neuen Wartungsplan mit verringertem Service in der Anfangsphase und früherer Ersatzbeschaffung entwerfen.

Es gibt ohne Zweifel Möglichkeiten, die Qualität des Unterhalts herabzusetzen. Allerdings wirken sich solche Einschränkungen verschieden aus. Verringerte Pflege mindert den Genuß an manchen Gütern, während sie bei anderen keine Auswirkung hat. Aus diesem Grund ist es wahrscheinlich, daß der Pflegebedarf verschiedener Güter bei steigendem Einkommen die Verbrauchsstruktur beeinflußt. Ein Mann, der ein Haus kaufen will, wird vielleicht zögern, wenn er bedenkt, daß die Reinigungskosten später höher sein werden. Wenn wir berechnen, wie die Nachfrage nach verschiedenen Gütern vom Einkommensniveau abhängt, dürfen wir nicht vergessen, daß sich die relativen Preise der Güter, ihres unterschiedlichen Wartungsbedarfs wegen, bei steigenden Einkommen zwangsläufig erhöhen (damit muß die Wirtschaftstheorie rechnen lernen; sie nimmt bei der Untersuchung der Wechselbeziehung zwischen Einkommen und Nachfrage üblicherweise an, daß die relativen Preise der Güter konstant sind).

Verschiebungen der Unterhaltskosten beeinflussen auch die Produktplanung. Interessant ist, daß hier zwei diametral entgegengesetzte Möglichkeiten auftreten. Man kann entweder sehr billige, einfache Güter herstellen, die »weggeworfen« werden, bevor sie gepflegt werden müssen, oder man produziert eigens Güter hoher Qualität, die keine Pflege brauchen. Beide Methoden zielen darauf ab, Unterhaltszeit zu sparen.

Wird die Bereitstellung von Unterhaltsleistungen relativ teurer, verringert man den Unterhalt pro Produkt. Gilt nun das gleiche auch für den »Human Service«? Das ist zweifelhaft. Schließlich spart man am Unterhalt von Gütern, weil man, in gewissem Maße, den Unterhalt durch Neuanschaffungen ersetzen kann. Beim menschlichen Körper ist das natürlich nicht möglich. Aus diesem Grund wird man vielleicht einen höheren Anteil seines steigenden Einkommens für vermehrte Pflege aufwenden, um mehr vom eigenen, mehr oder weniger unersetzlichen Körper zu haben. So kann diese Art von »Service« tatsächlich an Umfang zunehmen. Ein derartiger Einkommenseffekt könnte sich indessen beim Unterhalt von Gütern niemals durchsetzen, denn in diesem Fall ist es lohnend und auch technisch möglich, Dienstleistungen durch Güter zu ersetzen.

Wir haben uns nun damit beschäftigt, was geschieht, *falls* die Dienstleistungskosten im Verhältnis zum Güterpreis steigen. Wie sieht das in der Praxis aus? Welche Preise zeigen einen relativen Anstieg? Die Antwort hängt davon ab, auf welchem Gebiet die Produktivität rascher zunimmt, und dies ist äußerst schwer zu entscheiden. Victor Fuchs[27] hat eine Reihe von Untersuchungen über die Entwicklung der Produktivität im kommerziellen Dienstleistungssektor vorgelegt. Zwar macht er seines ungesicherten Materials wegen gebührende Einschränkungen, aber er wagt doch eine anscheinend sehr klare Stellungnahme. Fuchs meint, alles deute darauf hin, daß im Dienstleistungssektor die Produktivität viel langsamer zunehme als in der Güterproduktion. Man habe allen Grund zu der Annahme, daß man zu ähnlichen Resultaten gelangen würde, wenn man die persönlich bezogene Arbeit und ihre Produktivitätsentwicklung untersuche. Angesichts dessen könnte man den Schluß ziehen, daß die Unterhaltszeit pro Gut verringert worden sein muß und die Dienstleistungsqualität infolgedessen gesunken ist.

Daß die Entwicklung in der eigentlichen Produktion rascher verlaufen ist als bei den Dienstleistungen, heißt natürlich nicht, daß im Dienstleistungssektor die Produktivität nicht gestiegen wäre. Technische Neuentwicklungen machen es möglich, ein bestimmtes Gut in kürzerer Zeit als früher zu warten und zu pflegen. Kunststoffboote beispielsweise ersparen ihrem Besitzer viel Sorge und Arbeit im Frühjahr und Herbst. Die Unterhaltsarbeit der Hausfrau ist durch Geschirrspülmaschinen und Staubsauger vereinfacht worden. Elektrorasierer sparen bei unserer Morgentoilette Zeit. Ein weiteres Phänomen ist die neue Schnell-Lesemethode. Viele empfinden das Bedürfnis, ihr Lesevermögen zu verbessern, und schreiben sich in einen Kurs ein. Allerdings hängt rasche Auffassung, wie die Skeptiker zu Recht einwenden, von Intelligenz und Motivation ab – von Eigenschaften, die nicht leicht zu erwerben sind. Dennoch enthüllen die Reaktionen auf diese Neuheit, wozu wir es gerne bringen würden.

Es besteht kein Zweifel, daß es auch in der persönlich bezogenen Arbeit zu Produktivitätssteigerungen gekommen ist. Wenn wir aber ihr Ausmaß bestimmen wollen, dürfen wir nicht vergessen, daß die verschiedenen mechanischen Hilfsmittel, die dabei benützt werden, selbst der Wartung bedürfen, und daß Arbeitszeit erforderlich ist, um das Geld zu ihrer Anschaffung zu verdienen. Achten wir nicht darauf, so erhalten wir leicht ein übertriebenes Bild von der Zeitersparnis durch den Einsatz solcher Geräte. Wenn man eine Maschine kauft, um die Unterhaltszeit zu verringern, verliert man leicht die Wartung aus dem Auge, derer die Maschine selbst bedarf. Zum Beispiel erfordert die Inbetriebsetzung eines Geräts oft so viel Zeit, daß es sich lohnen würde, die Arbeit mit der Hand zu verrichten. Elektrische Schuhputzgeräte stehen häufig unbenutzt herum, weil es rascher geht, wenn man eine anständige altmodische Schuhbürste zur Hand nimmt. Die geringe Zahl der Arbeitsgänge innerhalb des Haushalts macht es oft schwierig, durch Mechanisierung Zeit einzusparen.

Aus diesem Grund ist die Produktivitätssteigerung bei der persönlich bezogenen Arbeit geringer, als man auf den ersten Blick meinen könnte. Dieser Schluß wird durch eine soziologische

Untersuchung von J. N. Morgan, I. A. Sirageldin und N. Baerwaldt[28] gestützt, in der es heißt: »... es besteht bei der Familie mit mehr automatischen Hausgeräten keine feststellbare Neigung, weniger Zeit auf häusliche Verrichtungen zu verwenden.« Dies ließe sich auf verschiedene Art erklären, und eine Erklärungsmöglichkeit haben wir bereits dargelegt. Ungeachtet dessen ist die Produktivität in der persönlich bezogenen Arbeit wahrscheinlich allmählich gestiegen. Dadurch blieb die relative Verteuerung von Dienstleistungen geringer, als es sonst der Fall gewesen wäre. Auch die Qualitätsminderung der Dienstleistungen hat relativ langsamer zugenommen.

Die relative Kostenentwicklung ist von Interesse, wenn es um die Entscheidung geht, ob tatsächlich eine Verminderung im Unterhalt pro Gut eingetreten ist und, falls dem so ist, wie weit sich die Unterhaltsqualität verschlechtert hat. Die absolute Veränderung in der Produktivität der persönlich bezogenen Arbeit ist auch für die Bestimmung der Entwicklung der allgemeinen Zeitknappheit wichtig. Wir können dann – im Gegensatz zu dem, was wir vielleicht anfangs meinten – feststellen: Wenn die Produktivität der persönlich bezogenen Arbeit gestiegen ist, so hat dies die Zeitknappheit erhöht. Was Veränderungen in der Zeitknappheit betrifft, so kann es keinerlei Unterschied zwischen Produktivitätssteigerungen spezialisierter Arbeit und persönlich bezogener Arbeit geben. Wenn die Produktivität der persönlich bezogenen Arbeit zunimmt, dann sind die Gesamteinkommen gestiegen. Dies erhöht den Bedarf an Zeit. Die allgemeine Vorstellung, daß diese Produktivitätssteigerungen bei persönlich bezogener Arbeit in gewisser Weise Zeit freisetzen und die Knappheit mindern, hat ihren Grund in der Annahme, die Zeit, die früher mit persönlich bezogener Arbeit verbracht wurde, könne nun verkürzt werden und die eingesparte Zeit sei Freizeit. Dies ist eine irreführende Betrachtungsweise. Die eingesparte Zeit wird notwendigerweise so auf verschiedene Nutzungssektoren verteilt, daß der Zeitertrag überall der gleiche ist. Erhöhte Produktivität persönlich bezogener Arbeit muß dazu führen, daß eine Zeitverteilung vorgenommen wird, welche die gleiche Produktivität in anderen Sektoren marginal herbeiführt. Die Zeitknappheit nimmt zu.

Aber auch in der Unterhaltsquantität treten Veränderungen auf. Der Umfang der gesamten persönlich bezogenen Arbeit hängt unter anderem vom Spezialisierungsgrad ab. Ein gesteigertes Dienstleistungsvolumen im kommerziellen Dienstleistungssektor führt zu einer Abnahme des Volumens persönlich bezogener Arbeit. Aber solche Verschiebungen in der einen oder anderen Richtung beeinflussen nicht das Gesamtvolumen des Unterhalts, sondern wirken nur darauf, *wo* die Unterhaltsleistungen erbracht werden. Wir können auch feststellen, daß höhere Einkommen an sich nicht den Spezialisierungsgrad beeinflussen. Derartige Veränderungen sind nur auf relative Änderungen der Produktivität persönlich bezogener Arbeit im Verhältnis zum kommerziellen Sektor zurückzuführen.

Wichtiger als Veränderungen im Spezialisierungsgrad ist die Wirkung der Unterhaltsminderung pro Produkt auf die gesamte Unterhaltszeit. Zunächst ist festzustellen, daß Qualitätsverminderungen nicht unbedingt Quantitätsverminderungen bedeuten müssen. Wenn das Volumen der zu unterhaltenden Güter rascher wächst, als der Unterhalt pro Produkt sinkt, dann nimmt offensichtlich die *gesamte* persönlich bezogene Arbeit zu. Es läßt sich schwer voraussagen, was in der Praxis geschehen wird. Wenn wir annehmen, daß das Verhältnis zwischen der Gesamtarbeitszeit in der Güterproduktion und der Gesamtzeit persönlich bezogener Arbeit konstant ist und daß in der Güterproduktion die Produktivität rascher steigt, dann bedeutet das, daß die Produktion von Dienstleistungen im Verhältnis zur Produktion von Gütern sich in Richtung »null« bewegt. Das Volumen der Dienstleistungen ist konstant, aber das Gütervolumen nimmt zu. Eine konstante Stundenzahl persönlich bezogener Arbeit würde somit ein drastisches Absinken der Unterhaltsqualität mit sich bringen. Wenn wir den Dienstleistungsanteil erhalten wollen, dann muß die Zeit für persönlich bezogene Arbeit im Verhältnis zur eigentlichen Arbeitszeit wachsen. Wenn wir die Produktion von Dienstleistungen sogar im Verhältnis zur Güterproduktion konstant halten wollten (also keine Veränderung der Unterhaltsqualität), dann würde sich die Arbeitszeit im Verhältnis zur Dienstleistungszeit in Richtung »null« bewegen, wie wir in Tabelle 1 gesehen haben. Dieser Zusammenhang ist von Baumol[29] formuliert worden.

Wie der Umfang persönlich bezogener Arbeit sich in der Praxis entwickelt hat, ist anscheinend noch nicht untersucht worden.

Immerhin wissen wir, daß ein Wirtschaftswachstum stets von einem wachsenden Anteil Beschäftigter im kommerziellen Dienstleistungssektor begleitet war. In den Vereinigten Staaten hat in der Nachkriegszeit allein der Dienstleistungssektor seinen relativen Anteil an Beschäftigten erhöht. Soweit dies nicht völlig auf Veränderungen im Spezialisierungsgrad zurückzuführen ist, müßte die gesamte persönlich bezogene Arbeit entsprechend zugenommen haben. Zumindest ein Soziologe, V. W. Bladen, vertritt eindrucksvoll diese Ansicht. Er schreibt:

... daß man wahrscheinlich viel Freizeit mit strapaziöser, ermüdender Tätigkeit verbringt und daß eine bestimmte Form dieser Tätigkeit die Nebenbeschäftigung ist; eine andere ist die Do-it-yourself-Arbeit zu Hause. Ist es übertrieben, den Montag als den Tag zu bezeichnen, an dem die Leute sich bei der Arbeit von den Anstrengungen des Wochenendes erholen?[30]

Die Verschlechterung der Dienstleistungen

So scheint es, daß ein wirtschaftlicher Entwicklungsprozeß sowohl eine Zunahme der Dienstleistungsquantität wie auch eine Abnahme der Qualität mit sich bringt. Natürlich haben viele beobachtet, daß die relative Zahl der Beschäftigten im kommerziellen Dienstleistungssektor zunimmt. Daraus hat man den Schluß gezogen, daß sich die Dienstleistungen schlechthin verbesserten. Man hat übersehen, daß für ein hohes Dienstleistungsniveau die einzelne Dienstleistung entscheidend ist, nicht das Gesamtvolumen der Dienstleistungen. Eine Verschlechterung der Dienstleistungs*qualität* beschreibt die Situation in den reichen Ländern besser als die steigende Dienstleistungs*quantität*. Wir haben allen Grund, von einer »Verschlechterung der Dienstleistung in der Dienstleistungswirtschaft« zu sprechen.

5 Private und öffentliche Dienstleistungen werden reduziert

> . . . es empfiehlt sich auch nicht, zwischen freitags 18 Uhr
> und montags 9 Uhr krank zu werden oder zu sterben.
> Erkrankt man in dieser Zeit, bekommt man vielleicht keine
> ärztliche Hilfe; und wenn man dann stirbt, kann man sich
> bestimmt nicht begraben lassen, bevor der Montag anbricht.
> Man übertrage diese zweitägige strikte Sperre
> auf eine fünftägige, und man hat die Welt der Zukunft . . .
> Selbst wenn man die zwei Arbeitstage der Arbeiter
> über alle sieben Tage der Woche verteilt, werden diese
> Tage nur so spärlich genutzt, daß die Wohlstandswelt
> weiterhin eine Welt sein wird, in der es sich höchst
> ungemütlich lebt.
>
> Arnold J. Toynbee[31]

Pflege und »Unterhalt« der eigenen Person

Wir wollen an einigen Beispielen zeigen, wie die qualitative Verringerung der Dienstleistungen bereits unser Dasein verändert hat. Natürlich haben die Menschen verschiedenartige Vorlieben und reagieren verschieden auf die Notwendigkeit, ihre Zeit einzuteilen; somit variieren die Möglichkeiten, den Unterhalt einzuschränken. Das Grundmuster wird das gleiche bleiben. Mit mehr oder weniger Eifer gelangen wir alle dazu, daß für jede der verschiedenen Arten des Unterhalts weniger Zeit zur Verfügung steht.

Was die Pflege unserer eigenen Person betrifft, so können wir zunächst feststellen, daß viele Leute den Schlaf als Zeitverschwendung ansehen. Je größer der Bedarf an Zeit wird, um so mehr Leute übernehmen schließlich diese Ansicht. Manche haben tatsächlich versucht, die Zahl der so in Untätigkeit verbrachten Stunden zu verringern. Auf diesem Gebiet war der Erfolg begrenzt, aber es ist uns gelungen, den Luxus des Nachmittagsschlafes abzuschaffen. Selbst Kinder schlafen oft nachmittags nicht mehr. Was aber den ordentlichen Nachtschlaf betrifft, so können wir ihn immer nur kurze Zeit einschränken, ohne daß die Natur sich rächt. Oft wird die Hoffnung geäußert, daß wir in dieser Hinsicht doch einmal einen Fortschritt erzielen werden. Godfrey

M. Lebhar[32] rechnet uns vor, wenn wir täglich nur eine halbe Stunde weniger schliefen, würde sich dies im Lauf eines Lebens auf volle zwei Jahre summieren. Morris Ernst schildert das Leben im Jahre 1976 in rosigen Farben und schreibt: »Etwa ein Drittel davon [von 168 Stunden in der Woche] wird gegenwärtig zum Schlafen benötigt. Diese Zahl wird vielleicht zurückgehen, während wir uns dem weniger angespannten und befriedigenderen Leben im Jahr 1976 nähern. Experimente zeigen, daß bei einer entspannten und befriedigenden Lebensführung sechs Stunden genügen werden, um unsere körperlichen Kräfte zu regenerieren[33].«

Während wir auf das Jahr 1976 warten, befinden wir uns heute doch in einer ganz anderen Situation. Man hat den Eindruck, daß die Hetze des Tages es immer schwerer macht, die für Ruhe bestimmten Stunden zu nutzen. Viele Menschen schlafen schlecht. In zunehmendem Maße greifen die Leute zu Mitteln, um die Schlaflosigkeit zu bekämpfen, welche die Nacht unproduktiv zu machen droht. Der Schlaftablettenkonsum steigt.

Als Alternative zur Begrenzung der Stunden des Schlafes hofft man, diese Zeit nutzbringend verwerten zu können. So wird die Möglichkeit diskutiert, im Schlaf zu lernen. Studenten würden es sehr begrüßen, wenn sie im Schlaf durch das Tonbandgerät Wissen aufnehmen könnten. Der Schlaf, so scheint es, hat etwas mit den Grünflächen unserer Großstädte gemeinsam: Beide sind ständig Angriffen durch jene ausgesetzt, die sie gern für produktive Zwecke verwenden würden.

Wie steht es mit unserer Körperpflege? Zum Waschen braucht man Zeit. Vielleicht halten manche Leute es für ihre Pflicht, hin und wieder einen Kompromiß zu schließen und es mit der Körperpflege nicht so genau zu nehmen. Andere verwenden als Alternative zum Waschen Desodorante, so wie man in weniger hygienebewußten Zeiten Parfums benützte. Wer hat schon die Zeit, den Rat des Zahnarztes zu befolgen und sich nach jeder Mahlzeit die Zähne zu putzen? Es ist einfacher, sich die ungeputzten Zahnruinen in regelmäßigen Abständen plombieren zu lassen. Manche Leute nutzen Verkehrsstockungen, um sich im Auto zu rasieren. Im großen und ganzen vernachlässigen viele ihr ganzes Äußeres – Kleidung, Haar, Schuhe usw. – nicht weil es ihnen an Geld, sondern an Zeit fehlt. »Das andere Amerika« springt nach Michael Harrington nicht so stark ins Auge, weil in einem Land wie den USA, mit ihrer hochmechanisierten Textilindustrie, die Armen sich vergleichsweise ordentliche Kleidung leisten können. »Amerika hat die bestgekleidete Armut, die die Welt jemals erlebt hat[34].« Harrington mag recht haben, aber daß die Armen optisch keinen Kontrast bilden, rührt auch daher, daß die Leute mit Geld so wenig Zeit für ihr Äußeres aufwenden. So manche Studenten, die ich in den USA gesehen habe, müssen auf diese Weise etliche Monate Vorbereitung auf die Promotion gewonnen haben. Man könnte Harringtons Feststellung umkehren: »Amerika hat den schlechtestgekleideten Wohlstand, den die Welt jemals erlebt hat.«

Wir haben keine Zeit zu kochen. Kochen ist eine Tätigkeit, die Zeit in Anspruch nimmt, und ist durch Auftauen und Erhitzen ersetzt worden, was nicht unbedingt einen Fortschritt darstellt. Wir sind von appetitanregendem Essen zu annehmbarer Ernährung übergegangen. In amerikanischen Kaufhäusern, wo nur Bestseller auf die Bücherregale kommen, findet man Titel wie »Das Buch für Leute, die das Kochen hassen« oder »Das 10-Minuten-Kochbuch für Feinschmecker«. Wir haben auch keine Zeit zum Essen. Es ist ein Teufelskreis. Schlechtes Essen nimmt uns die Lust, auch nur kurze dafür vorgesehene Zeit am Tisch zu verbringen; und dadurch wiederum verliert man noch mehr die Lust, Zeit auf die Zubereitung wirklich guter Mahlzeiten zu verwenden. Wir haben es so weit gebracht, daß manche das Mittagessen tatsächlich im Stehen einnehmen.

Die Degeneration der Kochkunst und der Kunst des Essens könnte, wie es scheint, sogar das Leben im lukullischen Paradies Frankreich verändern. Das Essen in Paris leidet bereits unter den zentrifugalen Kräften, die von modernen Speisegästen und der modernen »cuisine« ausgehen. Wir sündigen schwer gegen Brillat-Savarins neuntem Aphorismus, daß die Entdeckung eines neuen Gerichtes zum Glück der Menschheit mehr beitrage als die Entdeckung eines neuen Sterns.

Da wir gerade beim Essen sind, wollen wir nicht vergessen, daß wir immer dicker werden, je mehr die Zeit für körperliche Bewegung zusammenschrumpft. Es wird berichtet, daß sich amerikanische Kinobesitzer genötigt sahen, die Sitze verbreitern zu lassen. Wie wir wissen, ist die Fettleibigkeit in den wohlhabenden Ländern der Welt ein großes medizinisches Problem. Wenn wir so viele Krankenhäuser haben, dann zum Teil deswegen, weil uns die Zeit fehlt, Krankenhausaufenthalten vorzubeugen.

All dies besagt, daß wir die Pflege unseres Körpers – einer Maschine wie alle anderen Maschinen – vernachlässigen, nur um Zeit zu gewinnen. Aber weniger zu schlafen, schneller zu essen, weniger körperliche Bewegung zu haben und sich schneller zu waschen – all dies spart nur auf kurze Sicht Zeit ein. Der von allen anderen Veränderungen im Gebrauch der Zeit ausgehende Druck macht es medizinisch immer wichtiger, daß wir uns durch gesunden Schlaf, ausreichende Essenszeiten und erholsame Spaziergänge entspannen. Nach den Todesanzeigen in der »New York Times« zu schließen, scheinen zahlreiche junge Angestellte in leitender Position einen »Wartungsplan« für den eigenen Körper befolgt zu haben, der raschen Verschleiß zur Folge hat und wenig Unterhalt im Frühstadium vorsieht – das Prinzip für den Unterhalt von Gütern, das wir in Kapitel IV formuliert haben. Will man den Zusammenhang zwischen Einkommen und Lebenserwartung mit weniger oberflächlichen statistischen Beispielen illustrieren, kann man verschiedene Untersuchungen heranziehen, die in letzter Zeit angestellt wurden. Sie zeigen eine negative Korrelation zwischen Einkommen und Lebenserwartung, weisen aber auch darauf hin, daß höhere Einkommen mehr und bessere ärztliche Versorgung ermöglichen und damit die bedrohliche Wirkung der Einkommenssteigerungen ausgleichen. Einkommenssteigerungen führen zu einer Verschlechterung der Gesundheit, die dann durch Medikamente und Krankenhausbehandlung wieder verbessert wird. Diese Ergebnisse sind zu beobachten, obwohl die Gutverdienenden wahrscheinlich ursprünglich eine stärkere Konstitution als der Durchschnitt aufweisen.

Die überraschende negative Korrelation zwischen Gesundheitszustand und Einkommen wird auch durch das folgende Zitat aus einem Bericht von Victor Fuchs bestätigt, in dem er verschiedene empirische Untersuchungen zusammenfaßt:

Die herrschende, in manchen Fällen gut belegte Annahme besagt, daß eine Zunahme an realem Pro-Kopf-Einkommen sich günstig auf die Gesundheit auswirkt, abgesehen davon, daß sie eine Steigerung der medizinischen Versorgung ermöglicht. Diese heute für die Vereinigten Staaten geltende Meinung kann, wenn man die Kindersterblichkeit ausklammert, mit Grund angezweifelt werden. Es kann sein, daß dieses Land, was die günstige Auswirkung eines steigenden Lebensstandards auf die Gesundheit betrifft, den höchsten Punkt überschritten hat. Das soll nicht heißen, daß heute ein höheres Einkommen nicht noch Vorteile mit sich bringt, aber die zahlreichen Nachteile überwiegen vielleicht[35].

Kinder aufzuziehen ist teils eine Freude, teils eine Unterhaltsarbeit. Versuchen wir auch in diesem Fall Zeit zu sparen? Haben wir vielleicht die Unterhaltszeit pro Kind gekürzt?

In manchen Familien besteht wahrscheinlich die Neigung, ein wachsendes Quantum Zeit der Fürsorge für die Kinder zu widmen. Doch gibt es Anzeichen dafür, daß viele andere Familien immer weniger Zeit dafür haben, sich um ihre Kinder zu kümmern. 1966 erschien ein vielbeworbenes Buch auf dem amerikanischen Markt, das den aufschlußreichen Titel trug: »How to Raise Children at Home in Your Spare Time« (»Wie man seine Kinder zu Hause in der Freizeit aufzieht«). Ohne auf den Inhalt einzugehen – es ist doch bezeichnend, daß Verfasser wie Verlag es offenkundig für ein verkaufsförderndes Argument hielten, daß der Weg zum Erfolg in der Kindererziehung nicht unbedingt lang zu sein braucht.

Nicht selten hört man Väter darüber klagen, daß sie ihre Kinder nie zu sehen bekommen. Einen solchen Fall führt William Whyte in »The Organization Man« an. »Ich freu' mich irgendwie auf die Zeit, wenn meine Kinder groß sind«, sagte ein Verkaufsdirektor. »Dann brauche ich mir keine solchen Vorwürfe zu machen, weil ich mich nicht um sie kümmere[36].« Möglicherweise läßt eine solche Bekundung nicht unbedingt auf eine Verringerung der den Kindern gewidmeten Zeit schließen; es könnte sich in ihr eher die weitverbreitete Meinung spiegeln, daß Väter ihre Kinder besser kennenlernen *sollten*. Trotzdem bleibt die Tatsache, daß der Zeitdruck die Leute daran hindert, sich so um ihre Kinder zu kümmern, wie es heute allgemein geboten erscheint.

Außerdem werden heute Kinder öfter in Tagesheime gegeben, selbst schon in sehr frühem Alter. Ob dies für die Kinder gut ist oder nicht, läßt sich schwer entscheiden. Für uns genügt die Feststellung, daß man die Kinder vor allem deswegen aus dem Haus gibt, um weniger Zeit für sie verwenden zu müssen. Hierher gehören auch die Geschichten von Eltern, die sich mit ein paar Münzen, die sie ihren Kindern in die Hand drücken, von dieser oder jener Pflicht freikaufen wollen. Diese Methode folgt genau dem Anpassungsschematismus, der in unserer Untersuchung analysiert wird: Zeit wird durch Geld ersetzt. Früher haben die Eltern ihre Kinder verprügelt. Heute würden sie sie gerne streicheln, aber es fehlt ihnen die Zeit dafür. Jede Epoche hat ihre Schattenseiten.

Aber nicht nur die pro Kind aufgewendete Zeit, auch die Kinderzahl kann von Einkommenssteigerungen beeinflußt werden. Über die Beziehung zwischen Kinderzahl und Einkommensniveau ist schon viel diskutiert worden. Die konventionelle Ansicht geht dahin, daß bei steigendem Einkommensniveau die Kinderzahl abnimmt. »Nur die Armen kriegen Kinder.« Neuere Untersuchungen zeigen, daß dies vielleicht nur von der unterschiedlichen Vertrautheit mit Verhütungsmethoden herrührt. Wir können jedenfalls sagen, daß mit steigendem Einkommen die Zahl der erwünschten Kinder wächst.

Daß Einkommenssteigerungen eine solche positive Wirkung auf die Kinderzahl haben sollen, gilt als eine Erscheinung, die mit der Nachfragetheorie in der Volkswirtschaft übereinstimmt, welche den Einkommenseffekt gemeinhin als positiv ansieht. Bei Untersuchungen dieser Art muß man jedoch auch die verschiedenen Ansprüche an die Zeit berücksichtigen, welche die verschiedenen Möglichkeiten der Verwendung von Geld stellen. Insofern Kinder mehr Zeit erfordern als etwa verschiedene Güter, wird dies die Neigung entstehen lassen, die Kinderzahl zu reduzieren. Es geht darum, was stärker ist: der Einkommenseffekt als solcher oder die veränderten Kostenrelationen, die aus der Einkommenssteigerung entstehen. Wir dürfen nicht vergessen, daß sich mit Einkommenserhöhungen die Kostenstruktur verändert. Einen abstrahierten Einkommenseffekt gibt es in der Praxis nicht; der Grund liegt in den verschiedenen Ansprüchen, den verschiedene Güter an die Zeit stellen.

Erwarten könnten wir, daß die veränderten Kostenrelationen sich dann besonders stark auswirken, wenn die Ehefrau über ein hohes Einkommen verfügt. Daß diese Annahme zutrifft, ist übrigens in einer empirischen Untersuchung durch Mincer demonstriert worden.

Kinder *beanspruchen* aber nicht nur Zeit. Man kann ebenso sagen, daß sie das Zeitangebot innerhalb einer Familie vermehren. Früher sah man die Kinder oft als Investitionen, die Zinsen brachten, wenn sie zu produktiver Arbeit eingesetzt werden konnten. Dann waren sie in der Lage, die der Familie verfügbaren Güter zu vermehren. Vielleicht benehmen sich die Leute heute so, als wären die Kinder eine *Zeitinvestition*. Diese Investition würde dann beginnen, Zinsen zu tragen, wenn die Kinder ein Alter erreichen, in dem sie weniger Zeit für Betreuung brauchen, als sie an Verbrauchszeit zur Verfügung stellen. Damit hätten die Kinder die gleiche Bedeutung wie eine Belegschaftserhöhung in einem Industriewerk. Die Kinder würden die Steigerung in der Herstellung von Lebensfreude ermöglichen. Irgend jemand hat einmal bemerkt, daß viele leitende Angestellte keine Zeit haben, ihr hohes Einkommen wirklich zu genießen, aber daß sie doch wenigstens das befriedigende Bewußtsein haben, daß ihre Stellvertreter an der Heimatfront für den Verbrauch aller möglichen Dinge sorgen.

Das Altersproblem

Wirtschaftliches Wachstum hat in einer Hinsicht unsere Lebenserwartung dramatisch verkürzt: Wir haben nicht mehr das gleiche Bedürfnis wie früher, uns ein von materiellen Sorgen freies Leben im Jenseits vorzustellen. Damit ist auch der Glaube an ein ewiges Leben zurückgegangen. Andererseits hat der medizinische Fortschritt die Lebenserwartung auf diesem Planeten stark erhöht. Es ist – wie oben angedeutet – möglich, daß weitere Einkommenssteigerungen in den reichen Ländern die Lebenserwartung reduzieren, aber trotzdem zeigt sich die Situation im Vergleich zur Zeit vor hundert Jahren deutlich verändert. In gewissem Maß beruht die erhöhte Lebenserwartung auf einer geringeren Sterblichkeitsrate in den jungen Jahrgängen, aber daneben ist auch in den höheren Altersgruppen die Sterblichkeit erheblich zurückgegangen.

Die höhere Lebenserwartung älterer Menschen bringt zwangsläufig gewisse Schwierigkeiten mit sich, die aus der wachsenden Knappheit an Unterhaltszeit herrühren. In vorgerücktem Alter braucht der Körper – wie der Rumpf eines betagten Flugzeugs – viel Pflege, damit er funktioniert. Wir verschrotten alte Autos, halten aber an alten Körpern fest. Der Selbsterhaltungstrieb bringt es mit sich, daß wir in diesem Fall mit allen Kräften ein »Gut« zu erhalten versuchen, das einen äußerst hohen Unterhaltsbedarf aufweist. In anderen Fällen versuchen wir systematisch, uns solcher Güter zu entledigen. Dies ist ein interessantes Beispiel für unser Unvermögen, uns von manchen Dingen zu trennen, die übermäßiger Wartung bedürfen.

Ein Mensch vorgerückten Alters braucht nicht einmal so sehr die spektakulären »Reparaturen«, in denen es die moderne Medizin so weit gebracht hat, sondern mehr persönliche Betreuung und tägliche Pflege. Das Bedürfnis nach Betreuung wächst noch dadurch, daß der Betreffende oft nicht imstande ist, sich um seinen Körper zu kümmern. Die Nutzung technischen Fortschritts ist in dieser Hinsicht sehr begrenzt. Deshalb kann es kaum überraschen, wenn die aktive Generation auch bei alten Leuten bestrebt ist, das Unterhaltsvolumen pro »Einheit« zu senken. Mit steigendem Durchschnittseinkommen werden die Bemühungen zunehmen, die alten Menschen geleistete Pflege pro Einzelperson zu reduzieren.

In einem reichen Land alt zu werden ist keine reine Freude. Das Rad hat sich gedreht. Früher war die Produktivität niedrig und die Güterknappheit entsprechend groß. Deshalb war es oft unmöglich, die alten Leute zu unterstützen. In Skandinavien stellte die »attestupa«, der Todesfelsen, von dem sich Selbstmörder in die Tiefe stürzten, die historische Lösung dar. Heute ist die Produktivität hoch, und die Zeit infolgedessen so knapp, daß nur wenige die notwendige Zeit für die angemessene Pflege der Alten und Kranken opfern. Früher hatte man zu wenig Güter, heute hat man zu wenig Zeit. So kann es nicht verwundern, daß sich die Pflege alter Menschen in einer kritischen Situation befindet; wir fragen uns, wie man die traditionellen Kriterien des Todes aufrechterhalten und gleichzeitig den alten Menschen »menschenwürdige« Betreuung gewähren kann.

Öffentliche Dienstleistungen in der Wohlstandsgesellschaft

Öffentliche Dienstleistungen lassen sich, wie andere Dienstleistungen auch, nur in begrenztem Maß technisch rationalisieren. Wenn Parkinsons Gesetz zutrifft, ist die Produktivitätsentwicklung auf diesem Wirtschaftssektor sogar negativ. Dies bedeutet, daß öffentliche Dienstleistungen relativ immer teurer werden. Es wäre überraschend, wenn dies nicht eine allmähliche Verschlechterung mit sich brächte. Die Gesamt*ausgaben* für öffentliche Dienstleistungen pro Kopf mögen zunehmen, aber das *Volumen* dürfte vielfach geringer werden.

Gewisse öffentliche Dienstleistungen haben mehr Investitionscharakter. Bildung und Unterricht sind eine Investition in menschliches Kapital. Hier kann es durchaus sein, daß unsere Anstrengungen, das Wirtschaftswachstum zu beschleunigen, das Volumen erhöhen werden. Größer sind die Risiken in jenen Bildungszweigen, die scheinbar nicht Berufszwecken dienen. Die Bildungsexplosion hat Fächer wie Philosophie oder Alte Geschichte kaum erfaßt. Eine andere Art der Dienstleistung, die in zahlreichen Ländern in staatlichen Händen liegt, ist die medizinische Versorgung. Auch hier handelt es sich weitgehend um Investitionen. Wir bewahren menschliches Kapital davor, daß es verbraucht wird. Die Pflege alter Menschen, der diese Wirkung fehlt, befindet sich in einer viel kritischeren Lage.

Viele öffentliche Dienstleistungen sind jedoch nicht investiver Natur, und es ist wahrscheinlich, daß ihre Qualität sich stetig verringern wird. Ein Beispiel liefert die Post. Hier ist klar zu erkennen, daß die Dienstleistung sich ständig verschlechtert. Die Zahl der Wochentage, an denen Post ausgetragen wird, ist ebenso gesunken wie die Zahl der täglichen Zustellungen. In den Vereinigten Staaten hört man erstaunt, wie lange manchmal Briefe brauchen, bis sie den Adressaten erreichen. Diese Angaben stammen nicht nur aus der Öffentlichkeit, sondern auch von den Postbehörden selbst. Es kommt nicht selten vor, daß Briefe mehrere Tage unsortiert auf dem Postamt liegenbleiben. Die Einführung des Postleitzahlsystems symbolisiert eine weitere Verschlechterung im Postdienst; man ist nun gezwungen, sich die Zeit zum Nachschlagen der Postleitzahl zu nehmen, wenn man eine Adresse schreibt.

Ein anderes Beispiel bieten Straßenreinigung und Schneeräumung. Da Zahlen fehlen, muß ich mich auf meine eigenen unsystematischen Beobachtungen stützen, die ebenfalls eine ständige Qualitätsminderung dieser Dienstleistungen erkennen lassen. Das gleiche trifft anscheinend auf die Polizei zu. Die Kriminalität nimmt zu, aber die Polizei kann sich nicht darauf einstellen. Die Folge ist, daß man sich immer weniger mit den einzelnen Fällen beschäftigt. Diese Sachlage wird in einem gewissen Maß durch das große Aufgebot verschleiert, mit dem man die Aufklärung von Verbrechen betreibt, welche die Aufmerksamkeit der Nachrichtenmedien auf sich ziehen. Im Herbst 1967 äußerte sich in einer schwedischen Tageszeitung ein leitender Polizeibeamter, der seit 35 Jahren im Dienst stand: »Ich schäme mich einfach. Heutzutage ist es unmöglich, richtige Polizeiarbeit zu leisten. Wir liefern Pfuscharbeit, und die Leute, die sich nicht nur nebenbei für Kriminalität interessieren, wissen das auch.« Mit ein Grund für den steigenden Anteil nichtaufgeklärter Verbrechen müssen die gestiegenen relativen Kosten für den Unterhalt der Polizei sein.

Auf die Tatsache, daß in den reichen Ländern die öffentlichen Dienstleistungen meist von schlechter Qualität sind, hat J. K. Galbraith in seinem Buch »The Affluent Society«[37] eindringlich hingewiesen.

Mehr als alles andere sind wahrscheinlich materielle Güter der Vernachlässigung von Pflege und Unterhalt ausgesetzt. Der Grund ist in der naheliegenden Möglichkeit zu suchen, Zeit für den Erwerb neuer Güter zu verwenden, anstatt die alten instand zu halten. Das hat auch noch den Vorteil, daß die Produktivität der Güterherstellung steigt. Das Heim wird weniger gepflegt, die Staubschichten sind leichter zu sehen. Wir waschen unser Auto nicht mehr ganz so regelmäßig, und haben wir zwei Wagen, so pflegen wir sie noch unregelmäßiger. Schallplatten bleiben ohne Hülle liegen und werden nicht abgestaubt, wenn man sie auflegt. Wir legen uns immer mehr Freizeitartikel zu, pflegen sie aber allesamt immer weniger. Tennisschläger bleiben draußen im Regen liegen, wenn wir »keine Zeit« haben, sie ins Haus zu holen. Nahrungsmittel werden weggeworfen, damit man nicht nachzudenken braucht, was man mit den Resten anfangen soll. Immer weniger Leute gehen ins Fundbüro, um ihren verlorenen Regenschirm abzuholen.

Verhaltensformen, wie diese Beispiele sie zeigen, führen als Folge der Vernachlässigung zu einem Hygienestand, der niedriger ist, als wir es gerne wahrhaben wollen. Wir haben bereits festgestellt, daß in der persönlichen Hygiene zuweilen Kompromisse geschlossen werden. Ebenso haben wir die Behauptung aufgestellt, daß die Sauberhaltung unserer Städte mangelhafter geworden sei. Schließlich haben wir gesehen, daß sich viele unserer Gebrauchsgüter stark abnutzen, bevor wir uns die Mühe machen, etwas dagegen zu tun. Es kann sein, daß in den reichen Ländern sich der Maßstab erhöht, wie sauber die Dinge sein *sollten*, während in Wirklichkeit alles schmutziger wird. Nur in der Anfangsphase wirtschaftlichen Wachstums führt das Bewußtsein, wie wichtig die Hygiene ist, zu einem steigenden Niveau wirklicher Reinlichkeit. Haben die Einkommen eine gewisse Höhe erreicht, dann bewirken weitere Steigerungen, daß unsere Städte, unsere Grünanlagen, unsere Wohnungen, unser Körper, die Luft, die wir atmen, und die Lungen, mit denen wir atmen, die Nahrung, die wir essen, und das Wasser, das wir trinken, immer unhygienischer werden. Auf dem Gebiet der Hygiene praktizieren wir eine doppelte Moral. Uns an die Moral zu halten, die wir predigen, wäre zu kostspielig.

Die Sorglosigkeit, mit der wir unser Hab und Gut behandeln, gilt auch für den Umgang mit unserem Geld. Je höher das Durchschnittseinkommen steigt, um so deutlicher zeigt sich diese Einstellung. Diese Beobachtung gilt für eine Zeitreihenuntersuchung, aber nicht unbedingt für eine Querschnittsanalyse. Man hat oft gesagt, niemand gebe sein Geld so vorsichtig aus wie der Reiche. Das mag zutreffen, da Leute mit hohem Einkommen ihren privaten wirtschaftlichen Angelegenheiten große Aufmerksamkeit schenken. Der Durchschnittsverdiener aber verhält sich mit steigendem Durchschnittseinkommen in wirtschaftlichen Dingen immer leichtsinniger.

Ein Beispiel: Man legt immer weniger Wert darauf, das Wechselgeld zu zählen. Wichtiger ist vielleicht, daß die Leute bei steigenden Einkünften stärker dazu neigen, Bargeld auf der Hand zu haben, um Zeit zu sparen. Wenn es nichts kostete, sich bei Bedarf jederzeit Bargeld zu verschaffen, dann würden die Leute ihr ganzes Geld in einer zinsbringenden Form anlegen. Doch es kostet Geld, sich flüssige Mittel zu verschaffen; man denke nur an die Spesen, welche Banken für eine solche Transaktion fordern können. Hier aber interessiert uns, daß es den Betreffenden *Zeit* kostet, eine gewisse Geldsumme flüssig zu machen. Er muß anrufen oder zur Bank gehen und den entsprechenden Auftrag erteilen. Diese Kosten müssen sich auf unser Verhalten auswirken.

William Baumol hat gezeigt[38], daß diese Kosten gegen den Zinsverlust abgewogen werden müssen und daß sie entscheiden, wieviel Bargeld der einzelne abrufbereit hält. Je höher die Kosten, um so mehr flüssige Mittel werden bereitgehalten. Aber wenn Baumol dann erörtert, wie Zinsveränderungen den Umfang der täglich verfügbaren Mittel beeinflussen, nimmt er diese Kosten als konstant an. Er äußert sich nicht einmal darüber, wie sie sich wohl verändern könnten. Es mag eine zulässige Vereinfachung sein, diesen Faktor zu ignorieren. Aber man sollte doch darauf hinweisen, daß in Wirklichkeit die Kosten nicht konstant, sondern völlig davon abhängig sind, wie teuer die Zeit des einzelnen ist. In einer Rezession wird die Zeit billiger, und deshalb zeigen die verfügbar gehaltenen Mittel die Neigung, sich relativ zu verringern. Ein größerer Prozentsatz des Geldes wird zinsbringend angelegt. Wenn der Zinssatz gesenkt wird, dann verringern sich, *ceteris paribus*, damit auch die Vorteile, Geld dort zu belassen, wo es Zinsen trägt. Und wenn die zurückgehenden Zinssätze die

Wirtschaftstätigkeit beleben, so daß die Einkommen steigen, dann steigen auch die Kosten für die Unterhaltung nichtliquider Mittel. Diese Zusammenhänge sollten vielleicht analysiert und in finanzpolitische Theorien aufgenommen werden.

Für viele Leute ist freilich das Einkaufsproblem wichtiger als die Handhabung ihrer Finanzen. Einkaufen ist eine Tätigkeit, die viel Zeit in Anspruch nimmt. Empirische Untersuchungen zeigen, daß beispielsweise Hausfrauen ein beträchtliches Quantum Zeit in Geschäften sowie auf dem Hin- und Rückweg verbringen. Zu gewissen Zeiten des Jahres wenden wir so viel Zeit für Einkäufe auf, daß uns diese Mühen psychisch belasten. Dies gilt besonders für die Vorweihnachtszeit. Eine amerikanische Reederei, die erkannt hat, wie uns der Einkaufsrummel auf die Nerven geht, wirbt mit folgendem Werbetext: »Sind die zwei Wochen vor Weihnachten nicht die schlimmsten? Nicht, wenn Sie Ihre Weihnachtskäufe *hier* machen« – nämlich bei einer Kreuzfahrt in die Tropen.

Die Zusage »Bei Nichtgefallen Geld zurück« wird wahrscheinlich häufig in der Erwartung gegeben, daß sich die Kunden dann doch nicht die Zeit nehmen, die Sachen zurückzubringen. Je höher das Einkommensniveau ist, desto weniger werden gekaufte Waren zurückgegeben.

Die Zeit, die das Einkaufen in Anspruch nimmt, muß auch berücksichtigt werden, wenn man beurteilen will, welchen Umfang das Wegwerfsystem künftig annehmen wird. Sie wird die Verbreitung des Systems vermutlich erheblich einschränken. Eine weitere Begrenzung ist im Ausmaß des »Endservices« zu sehen, den das Wegwerfsystem notwendig macht, in Gestalt der Kosten für die Müllabfuhr.

Die wichtigste Möglichkeit der Zeitersparnis beim Einkaufen besteht für den Kunden in der Beschränkung der Zeit, in der er darüber nachdenkt, was er einkaufen soll. Mit steigenden Einkommen wird im Durchschnitt für jeden einzelnen Kaufentschluß immer weniger Zeit aufgewendet. Zunehmend hält man sich an grobe Faustregeln. Dies gilt für alle wirtschaftlichen Entscheidungen, selbst solche, die mit der Verwaltung der eigenen Mittel zusammenhängen. Verminderte Zeit für die Überlegungen, die einem Entschluß vorangehen, müßte, so scheint es, wachsende Irrationalität zur Folge haben. Da es aber sehr zweckmäßig ist, pro Entscheidung immer weniger zu überlegen, besteht ein rationaler Grund der Irrationalität. Die wichtigen Fragen, die sich aus der Qualitätsminderung wirtschaftlicher Entscheidungen ergeben, erfordern ein Kapitel für sich.

6 Die rationale Grundlage der wachsenden Irrationalität

Es gibt jedoch Gründe dafür,
daß die Kunst des Geldausgebens so rückständig ist ...
W. C. Mitchell[39]

Die Notwendigkeit einer Theorie der Entscheidungen

Jeder Mensch hat zahlreiche und vielfältige Entscheidungen zu treffen: in der Liebe, der Politik, der Wirtschaft und Ethik, der Arbeit und dem Zeitvertreib – in allen Dingen, die seine Existenz ausmachen. Es ist interessant, wenn man ein Bild zu gewinnen versucht, wie Menschen sich bei der Wahl zwischen den verschiedenen Alternativen verhalten, vor denen sie stehen. Zu diesem Zweck hat man mehrfach versucht, Theorien darüber aufzustellen, wie Entscheidungen getroffen werden. Sie unterscheiden sich nach den Annahmen bezüglich a) des Bewußtseins des einzelnen bei seinem Streben nach irgendeiner Art von Glück und b) des Wissens des einzelnen von seinen Möglichkeiten.

Das Sammeln von Informationen über die verschiedenen möglichen Alternativen nimmt Zeit in Anspruch. Die für Entscheidungen notwendige Zeit ist eine besondere Komponente dessen, was wir Unterhaltszeit oder Zeit für persönlich bezogene Arbeit genannt haben. Da die Zeitknappheit sich verändert, wird sie wahrscheinlich den Umfang der Zeit beeinflussen, die dem Treffen von Entscheidungen zugeteilt ist. Dies muß erhebliche Folgen haben und gibt Anlaß zu der Überlegung, welche Veränderungen der Zeitverteilung in diesem Zusammenhang vorstellbar sind.

Die Rationalitätsannahme

Um Aussagen über wirtschaftliches Verhalten machen zu können, ist es in der Wirtschaftswissenschaft üblich, mit der Annahme der Rationalität zu arbeiten. Diese Voraussetzung ist zweifacher Art. Zunächst handelt es sich um den Grad des vorhandenen Wissens bezüglich der verschiedenen Alternativen und ihrer Folgewirkungen. Es wird angenommen, daß derjenige, der die Entscheidung trifft, *vollkommene* Kenntnis der verschiedenen Möglichkeiten seines Handelns besitzt und daß dieses Wissen ohne jede besondere Kosten erworben wird. Zum zweiten bedeutet Rationalität die Annahme einer vollständigen Skala persönlicher Wertvorstellungen, so daß derjenige, der eine Entscheidung trifft, eine Rangfolge der verschiedenen Möglichkeiten aufstellen kann. Dann, so wird angenommen, wählt er jene, welche die Liste dieser Möglichkeiten anführt.

Mit einer solchen Rationalitätsannahme ist es möglich, das Treffen von Entscheidungen in wirtschaftlichen Fragen – und auch in anderen, die auf die gleiche Weise angegangen werden könnten – als ein Maximierungsproblem zu beschreiben. Konsumenten, Produzenten und Politiker maximieren ihr Vergnügen, ihren Gewinn und ihre Aussichten auf Wiederwahl.

Die Wirtschaftswissenschaftler sehen die Annahme der Rationalität offensichtlich als eine Vereinfachung. Niemand behauptet, sie gebe ein vollständiges oder auch nur angemessenes Bild der Wirklichkeit. Alle Theorien gründen auf vereinfachenden Annahmen, um so das Problem auf ein handliches Maß zu bringen. Aus diesem Grund hat die Wirtschaftswissenschaft es für gut befunden, die Annahme der Rationalität zu machen; sie soll als eine Annäherung an die Wirklichkeit dienen, mit der sich arbeiten läßt.

Angriffe und Neuformulierungen

Außerhalb der Nationalökonomie stößt die Annahme der Rationalität wahrscheinlich auf große Skepsis. Den Psychologen zum Beispiel wird eine so simple Konstruktion schwerlich beeindrucken. Selbst manche, die sich mit Wirtschaftsanalyse beschäftigen – und damit vor der Notwendigkeit vereinfachender Annahmen stehen –, haben Kritik geäußert. Man argumentiert, die Annahme der Rationalität führe dazu, daß viele interessante Fragen völlig außer acht gelassen und andere nur unzureichend beantwortet würden.

Die Kritiker der Wirtschaftswissenschaft haben andere Angriffspunkte gewählt. Manche lehnen den Gedanken eines wohlgeordneten Systems von Präferenzen ab, innerhalb dessen derjenige, der eine Entscheidung trifft, die Alternativen rangmäßig einteilt und die beste auswählt.

Wegen seiner eindringlichen Formulierung ist vielleicht Th.

Veblens Frontalangriff auf »den wirtschaftlich handelnden Menschen« am bekanntesten geworden.

Die hedonistische Auffassung sieht den Menschen als einen Blitzrechner von Freuden und Schmerzen ... Er hat weder Vor- noch Nachgeschichte. Er ist eine isolierte, genau festgelegte menschliche Größe, in stabilem Gleichgewicht, außer wenn ihn die anstoßenden Kräfte in diese oder jene Richtung treiben. Im Raum der Elemente ... rotiert er symmetrisch um seine eigene geistige Achse, bis das Parallelogramm der Kräfte ihn erreicht, worauf er der Linie der Resultante folgt. Ist die treibende Kraft verbraucht, kommt er wieder zur Ruhe ... Geistig ist der hedonistische Mensch keine Primärkraft. Er ist nicht Sitz eines Lebensprozesses, außer in dem Sinne, daß er einer Reihe von Veränderungen unterworfen ist, die ihm von äußeren und ihm fremden Umständen aufgezwungen werden[40].

Diese Kritik aus dem Jahr 1898 mag berechtigt sein oder nicht – jedenfalls darf man betonen, daß sie zumindest durch keine spätere Veränderung in den Grundannahmen der Wirtschaftstheorie antiquiert erscheint.

Eine Gruppe von Wirtschaftswissenschaftlern, die der Psychologie nahesteht, hat den Gedanken abgelehnt, daß jedermann über seine Alternativen völlig Bescheid wüßte. Der führende Vertreter dieser Schule in den USA, Herbert A. Simon, ist der Ansicht, daß Informationen nicht gratis zur Verfügung stehen und daß man sie sich durch Suchen verschaffen müsse. Alternativen werden entdeckt und untersucht, aber kaum nach irgendeinem vollständigen System, das optimale Ergebnisse gewährleistet. Die Reihenfolge, in der man verschiedene Möglichkeiten prüft, beeinflußt das nachfolgende Handeln in wesentlichem Maße. Man hält bei einer Alternative inne, die einem zufriedenstellend erscheint. Der Suchprozeß kann fortgesetzt werden, um allmählich immer bessere Alternativen zu finden. Man handelt dabei jedoch nach unzureichendem Wissen, zumal sich äußere Umstände und damit auch die Vor- und Nachteile der jeweiligen Alternativen graduell verändern.

Unter den Kritikern gibt es auch eine Richtung, der es nicht um die Ablehnung der Rationalitätsannahme, sondern um deren Modifizierung geht. Sie hat versucht, dem Umstand Rechnung zu tragen, daß mit dem Ergebnis verschiedener Alternativhandlungen immer ein gewisser Unsicherheitsgrad verbunden sein muß. Soweit diejenigen, die die Entscheidungen treffen, an die verschiedenen Ergebnisse mehrere Wahrscheinlichkeiten knüpfen können, ist es gleichwohl möglich, Entscheidungen als Maximierungsprobleme zu behandeln. Wer eine Entscheidung zu fällen hat, maximiert seine mathematische Erwartung, die gesetzten Ziele zu erreichen. Wenn er die für verschiedene Alternativen geltenden Wahrscheinlichkeiten nicht kennt, ist er gezwungen, sich verschiedener Strategien zu bedienen, die sicherstellen sollen, daß bei seiner Auswahl größere Risiken vermieden werden.

Diese Kritiker haben nicht nur einem vielleicht unvermeidlichen Unsicherheitsgrad Rechnung getragen, sondern auch dargelegt, daß die Unsicherheit durch das Sammeln von Informationen verringert werden kann. Die Unsicherheit, die mit den verschiedenen Alternativen verbunden ist, ist nicht von außen her gegeben. Aber – und das sollen wir berücksichtigen – vermehrtes Wissen kann man sich nur um einen Preis erwerben. Und dieser muß gegen den Wert des vergrößerten Wissens abgewogen werden. Es handelt sich um ein typisches Verteilungsproblem. Das Ziel ist, die Gleichgewichtsbedingung festzustellen – in diesem Fall für den Umfang der Sammlung von Informationen. Die Informationssuche soll bis zu einem Punkt betrieben werden, von dem an zusätzliches Wissen mehr kosten würde, als es wert ist.

Der Unterschied zwischen den Leuten, die auf diese Weise Entscheidungen treffen, und jenen, die es in der von Herbert A. Simon beschriebenen Art tun, ist größer, als es auf den ersten Blick erscheinen mag. Bei Simon begegnet man Menschen, die in einem Prozeß begriffen sind, in dem sie nacheinander Alternativen untersuchen und diejenige verwenden, die am besten bestimmte Grundkriterien erfüllt, bis sie eine überlegene Alternative gefunden haben. Jene dagegen, die ihre Aufmerksamkeit den Kosten empfangener Informationen widmen, interessieren sich nicht für die mögliche Auswirkung des Suchprozesses selbst auf die Lösungen, die getestet werden. Statt dessen denkt man sich die Situation so, daß man vor einer Entscheidung Informationen über sämtliche Alternativen einholt, soweit sich dies lohnt, und dann die beste Möglichkeit auswählt. Tatsächlich aber besteht zwischen diesen beiden Anschauungen kein echter Widerspruch. Die Berücksichtigung der Informationskosten ist ein erster Schritt, dem vielleicht folgen sollte, daß man auch die Aufstellung des Suchprogramms an sich berücksichtigt. Die Annahmen, die man macht, hängen von der Art der Probleme ab, mit deren Untersuchung wir uns befassen.

Klar ist jedoch, daß selbst eine so geringfügige Modifizierung wie die Berücksichtigung der Informationskosten uns helfen wird, viele Phänomene zu verstehen, die ihre Wurzeln in der tatsächlich – und notwendig sogar unter optimalen Bedingungen – bestehenden Unwissenheit haben. In seiner Attacke auf die Rationalitätsannahme formuliert George Stigler eindrucksvoll seine Ansicht. George Stigler schreibt:

Unwissenheit ist wie Frostwetter: Mit ausreichenden Aufwendungen können ihre Auswirkungen auf die Menschen innerhalb erträglicher oder sogar annehmlicher Grenzen gehalten werden, aber es wäre völlig unwirtschaftlich, alle ihre Wirkungen völlig zu eliminieren. Und ebenso wie eine Analyse menschlicher Behausung und Kleidung etwas unvollständig wäre, ließe man die kalte Witterung außer acht, so bleibt auch unser Verständnis des wirtschaftlichen Lebens unvollständig, wenn wir die kalten Winde der Unwissenheit nicht systematisch berücksichtigen[41].

Zeitknappheit und Entscheidungsqualität

Wenn wir uns an das begrenztere Ziel halten, die Informationskosten zu berücksichtigen, dann werden wir sofort mit der Frage konfrontiert, wie weit diese Kosten sich verändern und wie weit dies die Entscheidung des einzelnen beeinflußt. Anscheinend hat nur ein Wirtschaftswissenschaftler, Jacob Mincer, zu diesem Problem Überlegungen angestellt[42]. Mit steigendem Einkommen des einzelnen erhöhen sich die Kosten für jede Stunde, die der Beschaffung von Informationen gewidmet ist. Wenn sich die Produktivität beim Sammeln von Informationen nicht erhöht, werden die für die Erreichung eines bestimmten Wissensstandes aufgewendeten Kosten in genau demselben Maße steigen wie die Reallöhne in der Produktion. Aber, so Mincer weiter, die Vorteile des Besitzes von Informationen vermehren sich mit steigendem Einkommen ebenfalls, ja, sie erhöhen sich sogar parallel zu dem Einkommen. Jeder Fehlgriff hat nun beträchtliche finanzielle Folgen. Verdoppeln sich die Einkünfte, dann lohnt es sich zweifach, bei seinen Ausgaben Fehler zu vermeiden. Daher bleibt im Durchschnitt das Volumen der Informationssammlung unverändert. Dies verhindert aber – wie Mincer darlegt – nicht Veränderungen des Wissensgrades, die bezüglich verschiedener Güter eintreten. Wenn die Ausgaben für ein bestimmtes Produkt im Verhältnis zum Einkommen weniger steigen, dann vermehren sich die Vorteile des Erwerbs von Informationen weniger als die

Kosten. Der Prozeß des Suchens wird eingeschränkt. Wenn dagegen die Ausgaben überproportional steigen, werden die Vorteile, Informationen über diese Güter zu besitzen, gegenüber den Kosten überproportional zunehmen. Dann wird man sich mehr Informationen verschaffen. Anders ausgedrückt: Die Qualität von Entscheidungen, die Ausgaben für Güter mit einer Einkommenselastizität über 1 betreffen, wird verbessert. Die Qualität von Entscheidungen, die Ausgaben für Güter mit einer Einkommenselastizität unter 1 betreffen, verschlechtert sich. Somit wird man sich Ausgaben für Luxusgüter sorgfältiger, notwendige Ausgaben jedoch weniger genau überlegen.

Die Vorteile der Spezialisierung bewirken – wie Mincer ebenfalls betont –, daß die Kosten für die Informationsbeschaffung nicht so rasch zunehmen wie das Einkommen. Wer ein hohes Einkommen bezieht, gewinnt mehr, wenn er Informationen kauft, als wenn er seine eigene Zeit der Beschaffung aller Informationen widmet.

Aus Mincers Analyse folgt, daß die Durchschnittsqualität von Entscheidungen über Ausgaben mit steigendem Einkommensniveau eher zunimmt, daß sich aber interessante Unterschiede bei Gütern ergeben – je nachdem, wie einkommensempfindlich die Nachfrage ist. Gegen Mincers Darstellung lassen sich allerdings gewisse Einwände erheben. Zunächst einmal bedeutet eine Erhöhung des durchschnittlichen Einkommensniveaus nicht automatisch, daß man die Steigerung bei den Informationskosten durch Spezialisierung und den Kauf von Informationen auffangen kann. Nur wenn das eigene Einkommen im Verhältnis zu dem anderer zunimmt, kann man dadurch profitieren, daß man andere damit beschäftigt, Informationen im größeren Maßstab zu sammeln. Da wir uns damit befassen, was geschieht, wenn das Durchschnittseinkommen steigt, können wir diese Vorteile der Spezialisierung außer acht lassen.

Zum zweiten läßt sich die Annahme bezweifeln, die Vorteile des Besitzes von Informationen würden parallel zu den Beschaffungskosten zunehmen. Wenn die Gesamtausgaben langsamer steigen als die Kosten pro Stunde – was bei einer Verkürzung der Arbeitszeit einträte –, dann vergrößern sich die Vorteile aus dem Besitz von Informationen weniger rasch als die Kosten. Die Vorteile von Informationen hängen von den Gesamtausgaben ab, die Informationskosten hingegen vom Stundenlohn. Außerdem basiert Mincers Gedanke, daß die Informationskosten nicht mehr zunehmen als die Vorteile, auf der Annahme, daß die Gesamtzahl der Entscheidungen unverändert bleibt. Nur unter solchen Bedingungen kann der Umfang jeder Entscheidung parallel zu den Vorbereitungskosten der fraglichen Entscheidung zunehmen. Wenn man sich dagegen vorstellt, daß jede Entscheidung einen unveränderten Betrag betrifft, daß aber die Zahl der Entscheidungen infolge höherer Einkommen steigt, dann haben die Vorteile des Besitzes von Informationen bezüglich einer bestimmten Entscheidung überhaupt nicht zugenommen, im Gegensatz zu den Kosten für die Beschaffung von Kenntnissen. Ja, es ist höchst wahrscheinlich, daß ein Anstieg des Durchschnittseinkommens von einer Zunahme der zu treffenden Entscheidungen begleitet wird. Die Zahl der Alternativen nimmt zu, und wahrscheinlich wird jeder einzelne damit beschäftigt sein, seine Aktivitäten und Ausgaben auf die Erprobung der neuen Möglichkeiten zu konzentrieren, welche Einkommensanstieg und eine weiter entwickelte Technik anbieten.

Zusammengenommen würden diese Einflüsse bewirken, daß die Kosten der Informationssammlung rascher wüchsen als die Vorteile. Nur wenn bei der Informationssammlung die Produktivität zunimmt, kann dem Anstieg der Informationskosten begegnet werden. Wahrscheinlich ist ein derartiger Produktivitätszuwachs eingetreten. Er muß sich besonders bemerkbar gemacht haben, als das allgemeine Bildungsniveau durch die Einführung und Erweiterung der Schulpflicht gehoben wurde. Neuere Verbesserungen im Erziehungssystem können jedoch in dieser Hinsicht nicht die gleiche Bedeutung gehabt haben, da Erziehung auf einem fortgeschrittenen Niveau spezialisiert ist und damit ihre Wirkung auf die Leichtigkeit einbüßt, mit der das Wissen um Konsequenzen verschiedener Entscheidungen erworben werden kann. Es gibt noch andere Arten, auf welche die Produktivität bei der Informationssammlung steigen kann. Ein Beispiel ist die Verbraucherinformation. Trotzdem aber gibt es wohl gute Gründe für die Annahme, daß hier der Produktivitätsanstieg langsamer verlaufen ist als bei der Güterproduktion. Dies stünde im Einklang mit Feststellungen über Produktivitätsveränderungen im Dienstleistungssektor überhaupt.

In diesem Fall würde sich der Ertrag der Zeit für das Sammeln von Informationen über verschiedene Entscheidungen im Verhältnis zum Ertrag der Produktionszeit allmählich verschlechtern. Dies muß zu einer Neuverteilung der Zeit führen. Die auf die Beschaffung von Informationen verwendete Zeit müßte pro Entscheidung reduziert werden. Man hat sich auf die Beschaffung von so wertvollen Informationen zu konzentrieren, daß der Ertrag der dafür verwendeten Zeit ebenso hoch ist wie bei der Güterproduktion. Es lohnt sich, bei den Ausgaben mehr Fehler zu machen, anstatt alle Entscheidungen sehr sorgfältig vorzubereiten – und damit entsprechend weniger Zeit für den Einkommenserwerb zu haben. Mit wachsender Zeitknappheit können wir ein Absinken der Entscheidungsqualität erwarten. Die Menschen werden sich in zunehmendem Maße anders verhalten, als die Wirtschaftstheorie voraussetzt. Statt über ein vollständiges Wissen zu verfügen, werden wir auf zunehmend unsicherer Basis agieren.

Der uninformierte Verbraucher

Allgemein wird gefordert, daß bei steigendem Einkommensniveau der Ertrag der Zeit zunehmen müsse; dies bezieht sich auf die Zeit, die für alle möglichen Zwecke genutzt wird – darunter auch, wie wir gesehen haben, für Entscheidungen. Und das muß für alle möglichen Entscheidungen gelten, nicht nur für wirtschaftliche. Wir können vielleicht behaupten – und das nicht nur im Scherz –, auf allen möglichen Gebieten ließen sich Beispiele für eine abnehmende Qualität der Entscheidungen finden. Ist es möglich, daß wir immer weniger Zeit dafür übrig haben, uns eine Ansicht über ein Leben nach dem Tod zu bilden? Stimmt es, daß wir immer weniger an den Endzweck des Wachstums unserer Wirtschaft denken? Trifft es zu, daß wir immer weniger Zeit finden, uns eine eigene Meinung zu politischen Problemen zu bilden? Beginnen wir ein Liebesverhältnis, ohne seine Folgen ernsthaft zu überlegen? Offenbar wird die Dauer der Zeit, in der wir über solche Fragen nachdenken, auch von Änderungen unserer Einstellung beeinflußt, die parallel zu Einkommenssteigerungen auftreten. Vielleicht finden wir Geschmack daran, gut informiert zu sein. Dieser Unterschied in der Einstellung wird dann der Kraft entgegenwirken, die allein genommen dazu führen würde, daß wir die Zeit für verschiedene Entscheidungen verkürzen.

Was wirtschaftliche Entscheidungen betrifft, so können hier derartige Veränderungen in der Einstellung kaum eintreten. Wenn es sich relativ lohnt, den eigenen Lebensstandard zu heben, indem man arbeitet, um Geld zu verdienen, und nicht, um Informationen zu erwerben, dann wird es sich offensichtlich auch lohnen, Zeit für das Sammeln von Informationen durch Arbeit zu ersetzen. Daher ist es am einfachsten, sich den wirtschaftlichen Sektor vorzunehmen, wenn man Beispiele für das Prinzip einer abnehmenden Entscheidungsqualität finden will.

Interessanterweise folgt der Käufer heutzutage oft einem augenblicklichen Impuls und handelt nicht erst nach reiflicher Überlegung. Es scheint altmodisch, Einkaufslisten aufzustellen. Die Leute kaufen, während sie durch den Selbstbedienungsladen spazieren. Sie benützen das Geschäft als einen riesigen Katalog. Moderne Hausfrauen scheinen tatsächlich den wöchentlichen Speisezettel zusammenzustellen, während sie an den Lebensmittelregalen entlangschlendern. Laut J. West[43], der eine zweijährige Untersuchung in verschiedenen kanadischen Städten durchführte, lassen sich 37 Prozent aller Einkäufe als Impulskäufe klassifizieren. Seine Untersuchung basierte auf über 5000 Gesprächen mit Kunden, die insgesamt 15 500 Waren gekauft hatten. Noch interessanter sind die Resultate einer Untersuchungsreihe des Konzerns du Pont de Nemours & Company, die sich über mehrere Jahre erstreckte[44]. Erwartungsgemäß zeigt das Material eine merkliche Zunahme der Impulskäufe in diesem Zeitraum. 1949 lag der Anteil bei 38 Prozent, was der von West angegebenen Zahl entspricht. 1954 war der Anteil auf 48 und bis 1959 auf 50 Prozent gestiegen. Natürlich kommt es bei diesen Zahlen darauf an, was wir unter Impulskäufen verstehen. Solange aber die Definitionen nicht geändert werden, scheint es, daß die dargelegten Veränderungen den tatsächlichen Gegebenheiten entsprechen. Aus den Zahlen ergibt sich nicht, daß die Leute eine Menge Dinge kaufen, die sie nicht wollen und für die sie keinerlei Verwendung haben. Sie zeigen lediglich, daß die Zahl der Käufe ohne vorhergehende reifliche Überlegung beträchtlich zugenommen hat.

Wenn wir uns speziell mit dem Volumen an Informationen beschäftigen, die man sich vor dem Kauf teurerer Güter verschafft, stellen wir fest, daß hier Impulskäufe weniger häufig sind. Aber auch in diesem Fall lassen verschiedene Untersuchungen darauf schließen, daß das vor dem Kauf gesammelte Informationsmaterial vergleichsweise dürftig ist. Dies überrascht auch nicht. Es besteht Grund zu der Annahme, daß die Leute lieber hin und wieder einen Fehler machen als lange Zeit darauf verwenden, jede einzelne Entscheidung genau zu überlegen.

George Katona und Eva Mueller haben eine Untersuchung[45] darüber angestellt, wieviel Informationen eingeholt werden, bevor man langlebige Konsumgüter kauft. Dabei ergab sich: »... nur etwa ein Viertel der Käufer langlebiger Güter ließen die wesentlichen Elemente überlegten Entscheidens erkennen – Planung,

Besprechungen in der Familie, Informationssuche sowie Auswahl nach Preis, Marke und anderen spezifischen Attributen des Gutes.«

Ein weiteres Viertel bestand aus den Leuten, die praktisch überhaupt keine Zeit für die Planung des fraglichen Kaufes aufwendeten. Diejenigen, die sich am aktivsten um die Beschaffung von Informationen kümmerten, kamen aus der mittleren Einkommensschicht. Leute mit höherem wie auch mit geringerem Einkommen überlegten weniger. Daß die Gutverdienenden weniger Informationen sammelten, entspricht unserer These von einer Abnahme der Entscheidungsqualität. Im Widerspruch dazu steht, daß Bezieher niedriger Einkommen relativ wenig Informationen einholen. Dies könnte so erklärt werden, daß ihr niedriger Bildungsstand den Ertrag der für das Sammeln von Informationen aufgewendeten Zeit niedrig hält. Wir brauchen weniger Vergleiche zwischen Einkommensgruppen als Vergleiche zwischen verschiedenen Zeitpunkten mit verschiedenen Durchschnittseinkommen – eine Zeitreihenanalyse ist nötiger als eine Querschnittsanalyse.

Impulskäufe zeigen, daß Ausgaben in keiner Weise echt überlegt werden. Einen weiteren Hinweis geben die verschiedenen groben Faustregeln, derer man sich bei der Beschaffung und Interpretation von Informationen bedient. Den Preis als Qualitätsindikator zu nehmen, gilt manchmal als Gipfel menschlicher Torheit.

Es mag schon töricht sein, aber es nimmt sich gleich weniger töricht aus, wenn wir berücksichtigen, daß es zumindest eine rasche Bewertungsmethode ist. Ja, es kann sogar eine sehr vernünftige Faustregel sein, Preis mit Qualität gleichzusetzen. Die auf diese Weise gemachten Fehler können einen weniger teuer zu stehen kommen als die Anstrengungen, die notwendig wären, um sie durch Beschaffung besserer Informationen zu vermeiden. Verhaltensforschern, die sich mit wirtschaftlichen Fragen beschäftigen, ist ein solcher Gedanke durchaus nicht fremd, wie aus der folgenden Feststellung F. Ölanders hervorgeht: »Vom Standpunkt des Psychologen scheint es zunächst keinen Grund zu geben, die Rolle zu bagatellisieren, die der Preis als Qualitätsindikator für einen Verbraucher spielen kann, der hinsichtlich zahlreicher Aspekte der Kaufsituation sich fast immer im Ungewissen befindet und nach allen möglichen Hinweisen Ausschau hält, die ihm helfen können, wenn er seine Entscheidung trifft[46].«

Eine andere, häufig angewendete Faustregel besteht darin, die Quantität eines Produkts nach der Verpackungsgröße zu beurteilen. Da die Produzenten das natürlich wissen und irreführende

Verpackungen fertigen, machen die Verbraucher demgemäß zahlreiche Fehler. Trotzdem profitieren die Verbraucher vielleicht von gewissen begrenzten Irrtümern mehr, als wenn sie die unbegrenzte Mühe auf sich nehmen müßten, die notwendig wäre, um alle fehlerhaften Entscheidungen zu vermeiden. Tatsächlich hat man in manchen betriebswirtschaftlichen Theorien zu berücksichtigen versucht, wie die Zeitsituation der Verbraucher sich auf ihr Verhalten auswirkt. Dies zeigt sich etwa an der Bemerkung J. A. Howards, des Verfassers eines führenden Lehrbuches über Marketing-Theorie: »Mit Zeitdruck ist die für die Entscheidung verfügbare Zeitmenge im Verhältnis zu der Arbeit gemeint, welche das Treffen der Entscheidung mit sich bringt: Jeder Käufer verteilt seine knappe Zeit auf alternative Käufe. Er muß seine Gesamtzeit zwischen Kauf- und Nichtkauftätigkeiten verteilen[47].«

Wenn man davon ausgeht, daß die Zeit ein Gut ist – ein immer knapper werdendes Gut –, so kann man mit Hilfe der Wirtschaftstheorie die Beobachtungen, die Betriebswissenschaftler am Verhalten des Verbrauchers gemacht haben, in ein System bringen und der volkswirtschaftlichen Theorie vom Verbraucherverhalten Inhalt geben. Infolge der Rationalitätsannahme ist diese Theorie heute noch äußerst dürftig. Eigentlich umfaßt sie nur die Faktoren, welche bestimmen, wie die Verbraucher ihr Einkommen zwischen Konsumieren und Sparen aufteilen. Es wäre vielleicht möglich, zwischen Volks- und Betriebswirtschaft Brücken zu schlagen, indem man die volkswirtschaftliche Rationalitätsannahme durch eine Annahme ersetzt, die Zeitknappheit und Informationskosten einbezieht. Diese Möglichkeit sollte Nationalökonomen nicht fremd sein. Sie treffen ja selbst Entscheidungen ohne vollständige Informationen, sogar wenn solche Informationen zu beschaffen wären. Zum Beispiel wählen sie die Bücher, die sie lesen – und dies betrifft schließlich einen wichtigen Sektor ihrer Tätigkeit –, nicht nach dem wahren Wert, sondern danach, was sie über den Inhalt gehört haben. Der Mangel an Zeit zwingt uns alle, ohne vollständiges Wissen zu handeln.

Zwei Aufgaben für die Werbung

Auch die Werbung läßt sich besser verstehen, wenn wir die Zeit berücksichtigen, welche die Informationsbeschaffung erfordert. Dann sehen wir, daß die Werbung zwei verschiedene Funktionen hat, denn sie soll zweierlei Arten von Informationen verbreiten. Zunächst einmal ist die Werbung ein Mittel, Faktenwissen leichter zugänglich zu machen. Zum zweiten dient sie dazu, den Leuten, die sich aus Zeitmangel keine echten Einblicke verschaffen können, eine Ersatzinformation zu bieten. Sie bekommen das Informationssurrogat, das sie wünschen, um das Gefühl zu haben, die richtige Entscheidung zu treffen. Die Werbetreibenden nutzen somit die Informationskosten des Empfängers auf zwei Ebenen. Einmal erzielen sie Wirkung, indem sie die Informationskosten des Empfängers senken. Zum zweiten nützen sie seine Anfälligkeit dafür, sich überreden zu lassen, wenn er keine Lust hat, Zeit für das Sammeln zureichender Informationen für selbständiges Handeln aufzuwenden. Die Werbung hilft die Informationslücke schließen und nützt zugleich diese Lücke, die immer bleiben wird.

Natürlich gibt es zwischen diesen beiden Typen der Werbung keine klar gezogene Grenze. Ein und dieselbe Anzeige kann beiden Zwecken genügen. Die Zeitsituation des Empfängers bestimmt, wo der Schwerpunkt liegt. Will er sehr ausführlich informiert werden, dann wird die Werbung informativer Art sein. Dies gilt beispielsweise für Reklame, die sich an Unternehmen richtet. Firmen sind ja viel eher als Haushalte in der Lage, sich vor einem Ankauf gründlich zu orientieren. Wenn dagegen der Adressat auf ausführliche Information keinen Wert legt, dann hat die Werbung mehr den Charakter von Informationssurrogaten.

Mit wachsender Verknappung der Zeit wird sich in der Werbung das Schwergewicht in Richtung Ersatzinformation verlagern. Das Ziel wird sein, ein Motiv für ein Handeln zu liefern, für das es keine soliden Argumente gibt. Wer wie George Katona[48] glaubt, daß die Werbung immer informationsbezogener würde, gibt sich einer frommen Täuschung hin. Im Gegenteil, man wird sich zunehmend geheimer Verführer bedienen, weil die Konsumenten sie brauchen, um eine rasche Entscheidung fällen zu können. Venus und Mars werden im Werbegeschäft eine immer größere Rolle spielen. Bei Leuten, die keine Möglichkeiten haben, nach objektiven Gesichtspunkten zu handeln, muß die Loyalität zu einem Markenartikel aufgebaut werden. Da schematisches Kaufen als Mittel, die Zeit für Kaufentscheidungen zu reduzieren, an Bedeutung zunimmt, wird es auch immer wichtiger, diejenigen einzufangen, die noch keine solche Schemata entwickelt haben. Der Umfang der Werbung hat, wie wir wissen, in der letzten Zeit gewaltig zugenommen. Ein Beispiel: der Werbeindex der »Printers' Ink« hat sich von 1945 bis 1965 um 400 Prozent erhöht. In der gleichen Zeitspanne haben sich Bruttosozialprodukt und privater Verbrauch in den Vereinigten Staaten nur verdoppelt. Dieses Ergebnis der abnehmenden Entscheidungsqualität war wohl zu erwarten. Mit wachsendem Bedürfnis nach einem Informationssurrogat wird es für den einzelnen Produzenten immer wichtiger, bei der Beeinflussung leicht zu beeinflussender Käufer mit der Konkurrenz Schritt zu halten.

Es ist nicht sicher, wie weit diese Entwicklung gehen kann. Zwar trifft es zu, daß bei anhaltendem Einkommensanstieg die Qualität der Entscheidungen weiter abnehmen und der Spielraum für die Beeinflussung von Käufern zunehmen wird. Wir dürfen jedoch nicht vergessen, daß mit zunehmender Werbung die Wirkung jeder einzelnen Werbeaktion immer geringer werden muß. Offenbar konkurrieren verschiedene Werbebotschaften um die Zeit des Empfängers. Wie es heißt, haben die Werbefirmen begonnen, diesem Umstand mehr Aufmerksamkeit zu widmen. Sie sind sich darüber im klaren, daß eine wachsende Zahl von »Botschaften« die Verbraucher niemals erreicht. Angesichts der Anzeigenflut in Zeitungen und Zeitschriften reagieren die Leser aus Zeitgründen so, daß die Reklame oft gar nicht an sie herankommt. Um dem entgegenzuwirken, legen Werbefirmen erhöhtes Gewicht auf visuelle Dominanz oder andere Mittel, um an den Verbraucher heranzukommen. Tatsächlich besteht ihr Hauptziel darin, den Empfänger zu erreichen, der unter Zeitdruck handelt. Daß dieses Problem vorhanden ist, geht klar aus Berechnungen hervor, die zeigen, daß der Durchschnittsamerikaner täglich 1600 Werbebotschaften ausgesetzt ist und daß ihn im Verlauf eines Jahres über Funk und Fernsehen 10000 Werbesendungen erreichen. Bei solchen Zahlen kommt es natürlich darauf an, welche Kriterien man den Berechnungen zugrunde legt. Aber selbst wenn andere Methoden abweichende Ergebnisse brächten, zeigen diese Zahlen doch deutlich genug, wo schließlich die Grenzen für die Zunahme der Werbung liegen könnten. Die Gesamtausgaben für Werbung können andererseits durchaus noch weiter steigen. Die werbenden Firmen werden, wenn sie sich der oberen Grenze des Volumens nähern, wahrscheinlich für jede Einzelreklame immer höhere Kosten in Kauf nehmen, um die Durchschlagskraft zu verstärken.

Diese Interpretation der Rolle der Werbung, die von einer zunehmenden Zeitknappheit ausgeht, unterscheidet sich beträchtlich von den Auffassungen, denen man üblicherweise begegnet.

Es gibt zwei Schulen. Die Kritiker meinen, daß die Verbraucher irrational handelten und ein übelwollendes Marketing sie manipuliere. Die Werbung sei eine Ursache – und nicht die Folge – abnehmender Entscheidungsqualität. Die Reklame nehme immer mehr zu, je mehr wir uns von unseren Grundbedürfnissen entfernten, und ebenso vergrößere sich der Spielraum für die Manipulation. Die Verteidiger der Werbung hingegen behaupten, die Verbraucher handelten rational und könnten daher nicht zu sinnwidrigem Käufen veranlaßt werden. Die Reklame sei ihnen lediglich dabei behilflich, bei ihren Käufen Fehler zu vermeiden.

Beide Auffassungen sind anfechtbar. Menschen können verführt werden, nicht weil sie irrational, sondern weil sie rational handeln. Aus Gründen der Vernunft wollen sie nicht ihre ganze Zeit darauf verwenden, sich Kenntnisse darüber zu verschaffen, was sie am besten kaufen sollten. Die Zunahme der Werbung kann kaum darauf zurückgeführt werden, daß die Verkaufsabteilungen der Firmen immer böswilliger oder die Kunden immer unvernünftiger geworden wären. Für beides darf wohl gelten, daß die menschliche Natur weder besser noch schlechter geworden ist, als sie es immer war. Ebenso lassen sich die Dinge nicht allein damit erklären, daß wir uns von unseren Grundbedürfnissen entfernt haben. Es besteht kein Grund zu der Annahme, daß wir beim Schuhkauf mit mehr Überlegung handelten als beim Kauf von Schlittschuhen.

Die Kritiker der Werbung ermahnen uns, intelligente Kunden zu sein. Soweit die Qualität von Kaufentschlüssen unter ihren optimalen Stand sinkt, sind solche Mahnungen angebracht. Wahrscheinlich aber sind sie es in vielen anderen Fällen nicht. Nur wenn man über vollständige Informationen verfügt, kann man sich so verhalten, daß man von den Kritikern als intelligenter Käufer beurteilt wird. Um aber diese vollständigen Informationen zu erlangen, müßte man sehr unintelligent vorgehen. Man würde seine ganze Zeit damit verbringen, die Verbrauchsinformationen zu studieren und sich auf anderen Wegen Kenntnisse über Wirtschaftsangelegenheiten zu verschaffen. Die meisten Leute werden feststellen, daß dies ein sehr unwirtschaftlicher Gebrauch ihrer Zeit wäre. Daß jemand bei steigendem Einkommen vielleicht mehr solcher Verbraucherinformationen kauft – wie man erwarten könnte, wenn sie relativ billiger werden –, bedeutet ja noch nicht, daß er sie auch intensiver liest. Und selbst wenn er der Beschäftigung mit solchen Berichten insgesamt mehr Zeit widmet, ergibt sich daraus nicht, daß er pro Entscheidung mehr Informationen aufnimmt. Indem man eine gewisse Zahl von Fehlern in Kauf nimmt, gewinnt man mehr als genügend Zeit, diese Fehler durch erhöhtes Arbeitseinkommen auszugleichen. Wenn man nicht über vollständige Informationen verfügt, setzt man sich auch der Möglichkeit aus, von der Werbung beeinflußt zu werden. Ja, man *will* sogar von ihr beeinflußt werden, um bestätigt zu bekommen, daß man ganz recht daran tut, diese oder jene Ware zu kaufen, über deren wahre Qualitäten man kaum etwas weiß. Nur unintelligente Käufer verschaffen sich vollständige Informationen.

» Die rückständige Kunst des Geldausgebens«

Selbst wenn die Zeit der Überlegung pro Entscheidung sinkt, kann die Gesamtzeit steigen, welche für die Beschaffung von Informationen aufgewendet wird. Steigt die Gesamtzahl der Entscheidungen rascher, als die Zeit pro Entscheidung abnimmt, dann wird die Gesamtzeit der Informationssammlung zunehmen. Was in der Praxis geschieht, hängt davon ab, wie sich der Ertrag der Entscheidungszeit verändert, während die Zeit pro Entscheidung abnimmt. Der Ertrag muß auf den gleichen Stand mit dem anderer Verwendungssektoren gebracht werden, und es geht darum, wie stark die Zeit pro Entscheidung verkürzt werden muß, bis dieses Gleichgewicht erreicht ist. Muß sie stark reduziert werden, dann sinkt die Gesamt-Entscheidungszeit – und umgekehrt. Man darf vielleicht die Vermutung wagen, daß die Gesamt-Entscheidungszeit parallel zu einer Abnahme der Entscheidungsqualität zugenommen hat, wobei die Qualitätsabnahme auf die verkürzte Zeit pro Entscheidung zurückzuführen ist. In diesem Fall haben wir es mit einem »Entscheidungsverfall in einer Entscheidungswirtschaft« zu tun, genauso wie wir auf der allgemeinen Ebene einen Dienstleistungsverfall in der Dienstleistungswirtschaft haben.

Die Gesamt-Entscheidungszeit hängt auch davon ab, wie sich die Schwierigkeit, eine Entscheidung zu treffen, verändert, wenn das Wirtschaftswachstum die Verbraucher vor neue Entscheidungen stellt. Werden Entscheidungen schwieriger, dann nimmt auch der Ertrag der Entscheidungszeit zu. Dann dürfte sich die Tendenz zeigen, daß die Gesamt-Entscheidungszeit ebenfalls zunimmt. Es gibt zahlreiche Gründe für die Annahme, daß die Produkte, über die Entscheidungen getroffen werden müssen, immer komplizierter werden. Selbst einfache Lebensmittel sind heute nicht so leicht zu beurteilen, wie wir vielleicht meinen. Dexter Masters führt aus: »Wir haben heute nicht mehr viele wirklich einfache Produkte: Frischmilch ist ein fabrizierter Artikel, Schinken mit Wasser verfälscht, Fleisch mit Enzymen zart gemacht, Brot mit Chemikalien versetzt, Obst und Gemüse gefärbt und chemisch gespritzt, Geflügel mit Hormonen behandelt[49].«

Wenn man die Sache von allen Seiten betrachtet, ist aber nicht die Gesamt-Entscheidungszeit am interessantesten, sondern die Zeit, die pro Entscheidung aufgewendet wird. Vor mehr als fünfzig Jahren schrieb W. C. Mitchell einen berühmt gewordenen Aufsatz über »die rückständige Kunst des Geldausgebens«[50]. Er verwies auf die großen Unterschiede zwischen der Qualität der Entscheidungen dort, wo Geld verdient wird – in der Produktion –, und dort, wo es ausgegeben wird – beim Verbrauch. Der Grund dafür ist nicht irgendein Wesensunterschied zwischen Produktion und Verbrauch. Wie wir bereits wiederholt hervorgehoben haben, sind die Tätigkeiten im Haushalt eine Form von Produktion. Daß dies für persönlich bezogene Arbeit gilt, liegt auf der Hand. Aber selbst wenn wir uns dem Genuß von Verbrauchsgütern widmen, sind wir mit der Produktion eines materiellen Gutes beschäftigt – dem Endprodukt des Wirtschaftsprozesses. Niemand hat die Ähnlichkeiten zwischen Verbrauch und Produktion unterhaltsamer aufgezeigt als A. K. Cairncross, der darlegt, daß ein Haushalt sämtliche Funktionen eines Wirtschaftsunternehmens umfaßt. Er hat eine Einkaufs- und eine Verkaufsabteilung. Die letztgenannte verkauft üblicherweise Arbeitskraft. Er hat eine Transportabteilung, die sich vor allem mit der Beförderung der Kinder zwischen verschiedenen Tätigkeitsbereichen befaßt. Haushalte haben ihre Personalprobleme und Lohnkonflikte. Arbeitsunwillige Kinder können sogar in den Streik treten, um ihre Belohnungen zu verbessern. Die Liste der Parallelen ließe sich noch erweitern.

Aber wenn wir den Haushalt als eine Produktionseinheit betrachten, verstehen wir auch, wieso es zur Qualitätsverschlechterung von Entscheidungen kommen muß. Die Haushalte sind kleine Produktionseinheiten mit wenig Spielraum für Produktivitätsverbesserungen bei Entscheidungen. Zugleich kommt es in der Produktion zu Reallohnerhöhungen. Dies bedeutet, daß von anders genutzter Zeit ein höherer Ertrag gefordert wird. Nun kann der Ertrag von Zeit, die mit Informationssammeln verbracht wird, nur dadurch gesteigert werden, daß man diese Zeitmenge pro Entscheidung verringert und sich nur die wichtigsten Informationen verschafft. Aber dadurch, daß wir auf diese Weise das

Sammeln von Informationen einschränken, vermindern wir die Qualität unserer Entscheidungen. Könnte W. C. Mitchell seinen Aufsatz heute noch einmal schreiben, fände er vielleicht viel stärkere Worte angebracht, als er sie vor einem halben Jahrhundert gebrauchte.

Aus dem oben Gesagten ergibt sich jedoch nicht, daß wir zunehmend verantwortungsloser handeln, wenn es darum geht, unsere Gesamtausgaben nach dem vorhandenen Einkommen zu richten. Die Menschen strecken sich wie eh und je nach der Decke. Die Vorteile, die eine richtige Entscheidung in diesem Punkt mit sich bringt, werden mit unseren steigenden Einkommen wachsen, was bedeutet, daß die Kosten für eine richtige Entscheidung relativ nicht zunehmen. Damit wird die Qualität dieser besonderen Entscheidung unverändert bleiben. Aber die durchschnittliche Qualität des wachsenden Volumens von Entscheidungen im Rahmen unserer Gesamtausgaben wird zurückgehen. Dies ist einer von vielen Gründen, warum sich das Realeinkommen langsamer erhöht, als die Statistik vermuten läßt.

7 Die Beschleunigung des Verbrauchs

> Ein kleiner Prinz sollte einmal einen Ausflug machen;
> man fragte ihn: »Möchten Eure Hoheit auf einem Pferd
> reiten oder mit einem Schiff fahren?«
> Und er antwortete:
> »Ich will auf einem Pferd reiten und mit einem Schiff
> fahren.«
>
> Hjalmar Söderberg[51]

Verbrauchszeit und Zeiteinteilung

Die Zeit, die beim Genuß verschiedener Verbrauchsgüter vergeht,
ist im Verbrauchsprozeß ebenso wesentlich wie die Güter selbst.
Deshalb ist es nicht nur möglich, sondern tatsächlich notwendig,
die Zeit als ein knappes Gut zu betrachten und zu untersuchen,
wie sie auf verschiedene Nutzungsgebiete verteilt wird. Wenn wir
die Tatsache ignorieren, daß der Verbrauch ebenso wie die Arbeit
und andere Tätigkeiten Zeit erfordert, dann stellen wir die Entwicklung so dar, wie es die Wirtschaftstheorie noch immer tut –
als würde ein steigendes Einkommensniveau dazu führen, daß
jedermann immer mehr »Freizeit« bekommt und sich das Lebenstempo allgemein verringert. Daher ist es von grundlegender Bedeutung, daß man zu bestimmen versucht, wie Veränderungen
des durchschnittlichen Einkommensniveaus sich auf die Verbrauchszeit auswirken. Im folgenden sollen mögliche Veränderungen der Verbrauchszeit diskutiert werden – der Gesamt-Verbrauchszeit wie der Verbrauchszeit einzelner Güter.

Zunehmende »Produktintensität«

Es läßt sich schwer von vornherein entscheiden, ob die *Gesamt-*
Verbrauchszeit zunehmen wird oder nicht. Wir haben dies festgestellt, als wir uns mit Veränderungen der Arbeitszeit beschäftigten.
Ob sich die Gesamt-Verbrauchszeit ändert oder nicht, wird davon
abhängen, wie leicht es ist, im Verbrauchsprozeß Zeit durch
Güter zu ersetzen. Wenn dies leichtfällt, dann wird ein Produktivitätszuwachs bewirken, daß wir mehr arbeiten, um das Volumen

der Verbrauchsgüter über die Zunahme hinaus zu erhöhen, die bei unveränderter Arbeitszeit eingetreten wäre. Wenn es hingegen schwer ist, Zeit durch Güter zu ersetzen, dann muß die Verbrauchszeit zunehmen, wenn infolge steigender Produktivität das Volumen der Güter wächst.

In einem Zahlenbeispiel des Kapitels über die Arbeitszeit gingen wir von der Annahme aus, daß im Verbrauchsprozeß Güter und Zeit in einem genau fixierten Verhältnis zueinander stehen. Es wurde angenommen, daß Zeit nicht durch Güter ersetzt werden könne. Unter diesen Umständen wird die Gesamt-Verbrauchszeit zunehmen (und die Arbeitszeit abnehmen), wenn die Produktivität steigt. Ein genau fixiertes Verhältnis zwischen Zeit und Gütern im Verbrauch stellt jedoch einen unwahrscheinlichen Extremfall dar. Wenn wir eine gewisse Möglichkeit ins Auge fassen, Güter und Zeit zu ersetzen, können wir nicht mehr voraussagen, wie sehr sich die gesamte Verbrauchszeit verändern wird.

Aber nicht nur Veränderungen der Gesamt-Verbrauchszeit sind von Interesse. Wichtig ist auch eine gewisse Kenntnis davon, wie sich die Verbrauchszeit pro einzelnes Verbrauchsgut ändert. Wenn wir im Verbrauch fixierte Proportionen zwischen Gütern und Zeit annehmen, bedeutet das natürlich, daß die Verbrauchszeit pro Produkt konstant ist. Diese Annahme stellt, wie gesagt, einen Sonderfall dar. Soweit es möglich ist, Zeit durch Güter zu ersetzen, tun wir das wahrscheinlich. Die pro Einzelgut verwendete Zeit nimmt ab. Der Grund liegt darin, daß Waren im Verhältnis zur Zeit billiger werden und es sich dann lohnt, im Verhältnis zur Zeit mehr Waren zu nutzen. Um sein materielles Wohlbefinden zu erhöhen, wird man seine Verbrauchszeit »warenintensiver« gestalten. Vor diesem Hintergrund können wir feststellen, daß infolge einer Produktivitätssteigerung die Arbeitszeit wohl kaum so stark sinken wird, daß die Zunahme an Gesamt-Verbrauchszeit die Zunahme des Gütervolumens übertrifft. In diesem Fall würde nämlich die Warenintensität im Verbrauch sinken.

Durch eine Zunahme der Warenintensität steigern wir den Ertrag pro Zeiteinheit im Verbrauch. Je mehr Güter wir pro Zeiteinheit konsumieren, um so größer ist der Ertrag der Verbrauchszeit. Dies ist ein ökonomisches Prinzip; ihm entspricht beispielsweise die Vorstellung, daß der Arbeitsstundenertrag eines Arbeiters um so mehr wächst, je mehr Werkzeug ihm zur Verfügung steht. Dieser Ertragszuwachs pro Zeiteinheit im Verbrauch ist auch notwendig, wenn Gleichgewicht herrschen soll. In der Produktion ist der Ertrag pro Zeiteinheit gestiegen, und das Gleichgewicht erfordert, daß der Zeitertrag auf allen Tätigkeitsgebieten gleich hoch ist. Wir haben bereits festgestellt, daß aus dem gleichen Grund in der Unterhaltsarbeit der Ertrag pro Zeiteinheit erhöht werden muß – und auf verschiedene Weise auch erhöht wird. Dennoch sind die Kräfte, die auf eine kürzere Unterhaltszeit pro Produkt hinwirken, noch stärker als jene, die auf eine kürzere Verbrauchszeit pro Konsumgut abzielen.

Die Beschleunigung des Verbrauchs, die dazu führt, daß auf jedes einzelne Konsumgut immer weniger Zeit verwendet wird, kann verschiedene Formen annehmen. Zum Beispiel kann eine kostspieligere Version eines Konsumguts für die gleiche Zeit verwendet werden, die zuvor einem weniger teuren Typ gewidmet war; etwa wenn jemand bei steigendem Einkommen einen Mittelwagen statt eines Kleinwagens kauft, oder wenn er sein schwarzes Telefon gegen ein andersfarbiges eintauscht. Eine andere Art der Verbrauchsbeschleunigung tritt in der Form auf, die wir »gleichzeitigen Verbrauch« nennen können – wenn ein Verbraucher versucht, mehr als ein Konsumgut zur gleichen Zeit zu genießen. Er behält etwa seinen Kleinwagen, läßt sich aber einen Fernsehapparat einbauen. Oder er trinkt nach dem Abendessen brasilianischen Kaffee, raucht dazu eine holländische Zigarre, nippt an einem französischen Kognak, liest die »New York Times«, hört sich das Brandenburgische Konzert an und unterhält seine schwedische Frau – alles zur gleichen Zeit, mit unterschiedlichem Gewinn. Eine dritte Methode der Konsumbeschleunigung besteht in »sukzessivem Verbrauch«, wie wir es nennen können. Man genießt jeweils nur ein Gut, aber jedes in einer kürzeren Zeit. Statt einer zweistündigen Vergnügungsfahrt mit dem Auto fährt man vielleicht nur eine Stunde und benutzt die andere zum Segeln – zu einem Vergnügen, das man sich auf dem früheren Einkommensniveau nicht leisten konnte. Dann sinkt der Nutzungsgrad des Kapitals, das die Konsumgüter darstellen.

Allerdings sind die Unterschiede zwischen diesen drei Formen der Beschleunigung nicht sehr ausgeprägt. Ein größerer Wagen etwa kann, wenn wir so wollen, auch als ein Beispiel für gleichzeitigen Verbrauch gelten: seine Größe erhöht die Freude, ein Auto zu besitzen, bringt Prestige, wenn auch nicht erhöhte Beweglichkeit. Ebenso ist der Unterschied zwischen gleichzeitigem und sukzessivem Verbrauch oft geringfügig. So läßt sich beispielsweise schwer sagen, ob jemand, der vor dem Fernsehgerät ißt, gleichzeitig oder abwechselnd ißt und zuschaut. Aber selbst wenn es nicht leicht ist, deutliche Grenzen zu ziehen, kann es interessant sein, einen begrifflichen Unterschied zu machen. Um Ähnlichkeit wie Unterschied zu illustrieren, können wir sagen, daß beim gleichzeitigen Verbrauch mehr Verbrauchstätigkeiten pro Zeiteinheit stattfinden, während beim sukzessiven Konsum auf das Einzelgut weniger Zeit entfällt.

Auf und ab der Lebensgenüsse

Wir haben festgestellt, daß schwer vorauszusagen ist, wie sich die Gesamt-Verbrauchszeit ändert, wenn die Produktivität steigt. Andererseits haben wir konstatiert, daß die Güterintensität des Verbrauchs sich wahrscheinlich erhöht, das heißt, daß sich im Verbrauch das Verhältnis von Gütern zur Zeit erhöhen wird. Bleibt noch eine dritte Frage zu erörtern: Wie wird sich die für verschiedene Verbrauchstätigkeiten verwendete Zeit im Verhältnis zur Gesamt-Verbrauchszeit ändern? Wahrscheinlich treten innerhalb der Gesamt-Verbrauchszeit gewisse Umstellungen auf. Die Regeln zu skizzieren, denen sie folgen, kann einige wertvolle Einblicke in unser wechselvolles Dasein gewähren.

Der Grund für eine Neuverteilung von Zeit auf verschiedene Tätigkeiten liegt darin, daß eine Zunahme der Güterintensität bei verschiedenen Tätigkeiten den Zeitertrag in verschiedenem Maße steigert. Der Genuß, den die für verschiedene Tätigkeiten verwendete Zeit ergibt, wird kaum größer werden, wenn wir versuchen, die Güterintensität zu erhöhen. Bei anderen Tätigkeiten hingegen führt eine Verstärkung der Güterintensität zu merklich erhöhtem Ertrag der Zeit. Um einen Gleichgewichtszustand zu erreichen, ist es notwendig, daß der Zeitgrenzertrag bei allen Tätigkeiten gleich hoch liegt. Höhere Produktivität und ein größeres Gütervolumen führen mithin dazu, daß der für bestimmte Tätigkeiten verwendete Anteil an der Gesamt-Verbrauchszeit steigt, während der anderen Tätigkeiten gewidmete entsprechend abnimmt. Ist die Gesamt-Verbrauchszeit konstant, verringert sich also, in absoluten Zahlen, die Zeit für Tätigkeiten, welche nicht besonders güterabhängig sind.

Gehen wir einmal davon aus, daß wir nur zwei Verbrauchstätigkeiten haben, von denen die eine zu ihrer vollkommenen Durchführung nur ein Minimum an Gütern benötigt, während die andere in hohem Maße von der Zahl der Güter abhängig ist, mit der die für sie verwendete Zeit verbunden werden kann. Wenn das Produktivitätsniveau steigt und das Gütervolumen zunimmt, nimmt auch der Ertrag der für Tätigkeit 2 verwendeten Zeit zu, während der für Tätigkeit 1 konstant bleibt. Offensichtlich kann man – vorausgesetzt, man findet an den beiden Tätigkeiten unverändert Gefallen – dadurch profitieren, daß man von der ersten Tätigkeit Zeit zur zweiten verlagert. Diese zeitliche Neuverteilung wird sich so lange fortsetzen, bis die beiden Vergnügungen gewidmete Zeit marginal gleich ergiebig ist.

Diese Neuverteilung von Zeit hat große Bedeutung. Zahlreiche Tätigkeiten sind ihrer Natur nach in hohem Grad von dem Volumen der Verbrauchsgüter abhängig, die verfügbar gemacht werden können. Viele andere, altgewohnte Freuden sind solcher Art, daß ihre Intensität nicht zu erhöhen ist, indem man in der ihnen gewidmeten Zeit mehr Güter nutzt. Solche Beschäftigungen sind zeitlich einer immer schärferen Konkurrenz ausgesetzt und laufen Gefahr, zweitrangig zu werden.

Die Einkommenselastizität von Tätigkeiten

All diese verschiedenen Argumente lassen sich mit Hilfe des Begriffs »Einkommenselastizität« zweckvoll zusammenfassen. Unter diesem Ausdruck versteht die Wirtschaftslehre im allgemeinen die Art und Weise, in der sich die Nachfrage nach Gütern im Verhältnis zu Einkommensveränderungen ändert. Wenn das Einkommensniveau steigt, wird wahrscheinlich die Güternachfrage zunehmen. Ihre Einkommenselastizität wird dann positiv genannt. Wächst die Nachfrage rascher als das Einkommen, dann ist ihre Einkommenselastizität größer als 1. Falls bei steigendem Einkommen die Nachfrage sinkt, haben die betreffenden Güter eine negative Einkommenselastizität. Bleibt die Quote gesparten Einkommens konstant, dann hat die Gesamtnachfrage eine Einkommenselastizität von 1. Dies bedeutet, daß ein gewogenes Mittel der Einkommenselastizität verschiedenartiger Güter, bei konstanter Sparproportion, gleichfalls 1 beträgt. Wenn wir untersuchen, wie die Einkommenselastizität eines bestimmten Einzelguts sich mit sukzessiven Einkommenssteigerungen verändert, werden wir wahrscheinlich hohe Werte feststellen, solange das Gut noch neu ist. Allmählich wird dann die Nachfrage nicht mehr rascher zunehmen als das Einkommen. In einem noch späteren Stadium, wenn neue Produkte dem betreffenden Erzeugnis mehr Konkurrenz machen, fällt die Einkommenselastizität unter 1 und kann sogar negativ werden.

Auf die gleiche Weise können wir von der Einkommenselastizität einer Tätigkeit sprechen. Hier geht es einerseits um eine Veränderung in der Zeitmenge, die einer gewissen Tätigkeit zugeteilt ist, und andererseits um eine Veränderung im Einkommensniveau. Wenn bei steigendem Einkommen der betreffenden Tätigkeit mehr Zeit gewidmet wird, dann heißt es, daß sie eine positive Einkommenselastizität hat. Liegt die prozentuale Zunahme bei der Zeit höher als beim Einkommen, dann beträgt die Einkommenselastizität mehr als 1.

Die Tatsache, daß wir nicht voraussagen können, ob die Verbrauchszeit mit steigendem Einkommen zunehmen wird, bedeutet, daß wir nicht von vornherein entscheiden können, ob diese Tätigkeit eine positive oder negative Einkommenselastizität hat. Daß der Verbrauch immer güterintensiver wird, heißt, daß Verbrauchsgüter eine höhere Einkommenselastizität haben als die Verbrauchszeit. Da der Gesamtverbrauch eine Einkommenselastizität hat, die sich auf den Wert 1 beläuft, können wir den Schluß ziehen, daß die Verbrauchszeit eine Einkommenselastizität von maximal 1 zu erreichen vermag. Wir wissen auch, daß die dem einzelnen zur Verfügung stehende Gesamtzeit konstant ist. Daraus geht hervor, daß das gewogene Mittel der Einkommenselastizität aller Tätigkeiten – nicht nur Verbrauchstätigkeiten – null ist. Wenn die Verbrauchszeit konstant ist, dann wissen wir auch, daß die mittlere Einkommenselastizität der Verbrauchstätigkeiten null beträgt. Es ist interessant, dies mit der durchschnittlichen Elastizität von Gütern zu vergleichen, die bei 1 liegt.

Wir haben auch konstatiert, daß die verschiedenen Tätigkeiten zugeteilte Zeit sich verändern wird, weil verschiedenartige Beschäftigungen durch eine Zunahme der Güterintensität auf verschiedene Weise intensiver gemacht werden. Da die durchschnittliche Einkommenselastizität von Tätigkeiten sich annähernd auf einen Wert von Null belaufen wird, können wir daraus die Folgerung ziehen, daß bei steigenden Einkommen die für viele Verbrauchstätigkeiten aufgewendete Zeit abnehmen wird.

Vor diesem Hintergrund können wir verschiedene Beispiele von Verbrauchsgütern studieren. Es ist zu erwarten, daß wir zu anderen Schlußfolgerungen gelangen, als sie üblicherweise gezogen werden. Typisch ist die Vorstellung, man würde bei steigendem Einkommen mehr von allem tun. Man kann vielleicht mehr von allem *kaufen*, aber es ist undenkbar, daß wir mehr von allem *tun* könnten. Die Einkommenselastizität von Gütern wird gewöhnlich mit der von Zeit verwechselt. Wenn Golfspieler sich teurere Schläger kaufen, wird das so ausgelegt, als widmeten sie sich ihrem Sport intensiver.

Die verkümmernden Freuden des Gaumens ...

Wie die Waren, die schon lange auf dem Markt sind, wahrscheinlich als erste Platz machen müssen, wenn neue Produkte gestartet werden, so ist es auch wahrscheinlich, daß jene Tätigkeiten, denen immer weniger Zeit gewidmet ist, die traditionellen Lebensgenüsse sind. Dazu gehört das Essen. Schon als wir die Notwendigkeit einer Einschränkung der Unterhaltszeit erörterten, konnten wir feststellen, daß die Tafelfreuden unter Druck stehen. Und nun begegnen wir einem weiteren Grund für diese Erscheinung. Da es eine – bei den meisten Leuten ziemlich enge – Grenze gibt, über die hinaus sich die Gaumenfreuden durch verbesserte Quantität und Qualität der Speisen nicht mehr erhöhen lassen, wird das Essen wahrscheinlich zu einer untergeordneten Beschäftigung werden. Damit verliert es viel von seinem Reiz. Einer der elementaren Lebensgenüsse mit tiefreichenden psychologischen Dimensionen wird zu einer Unterhaltsfunktion reduziert. Die Zeit, die man damit verbringt, die notwendige Menge an Kalorien und Vitaminen zu sich zu nehmen, muß häufig »verbessert« werden – durch Zeitungslektüre oder Fernsehen.

... und des Bettes

Ein anderes traditionelles Vergnügen ist die körperliche Liebe – falls diese zurückhaltende Bezeichnung von den Leuten akzeptiert wird, die einen bildkräftigeren Ausdruck vorzögen. Angesichts der »Sex«-Flut, die angeblich unsere Zeit kennzeichnet, wirkt die Behauptung vielleicht etwas provokant, daß wir der geschlechtlichen Liebe immer weniger Zeit widmen. Dennoch gibt es gute Gründe für diese These.

Daß in einem Buch über wirtschaftliche Zusammenhänge sexuelle Fragen behandelt werden, ist nichts Neues. Mehrere Fachleute haben sich mit dem Sex als möglichem Hindernis für wirtschaftliches Wachstum beschäftigt; wir aber wollen uns mit dem Wirtschaftswachstum als möglichem Hindernis für den Sex befassen. Seit Malthus' Zeiten ist in der wirtschaftlichen Literatur eine gewisse Aversion gegen den Sex festzustellen, denn er ist ja schließlich für das gewaltige Problem der Übervölkerung verantwortlich. Die Entwicklung empfängnisverhütender Methoden hat es jedoch Wirtschaftswissenschaftlern und anderen ermöglicht, sich über Bevölkerungsprobleme Gedanken zu machen, ohne Malthus' »positive Kontrollen« übernehmen zu müssen. Wirtschaftswissenschaftler würden wahrscheinlich sagen, das Wirtschaftswachstum habe die sexuellen Aktivitäten stimuliert. Der Anstieg des Bildungsniveaus, eine Folge des wirtschaftlichen Wachstums, hat viele abergläubische Vorstellungen beseitigt und dem Gefühlsleben freiere Bahn geschaffen. Ebenso ist es der wirtschaftlichen Entwicklung zu danken, daß Verhütungsmittel nicht nur produziert werden, sondern auch erschwinglich sind.

Solche Argumente sind für sich wohl sehr schlüssig, aber es gibt bestimmte Kräfte, die in die entgegengesetzte Richtung wirken. Liebe braucht Zeit. Einen Menschen auf befriedigende Weise zu umwerben und zu lieben ist ein Spiel mit vielen zeitraubenden Phasen. Um zu zeigen, wie wirtschaftliches Wachstum sich auf die der Liebe gewidmeten Zeit auswirkt, können wir feststellen, daß das Vergnügen einer Umarmung kaum dadurch zu vertiefen ist, daß man die Zahl der dabei verbrauchten Güter erhöht. Ja, Güter wären nur hinderlich, abgesehen von einem Mindestbedarf an Mobiliar. In dieser Hinsicht unterscheidet sich die Liebe von den meisten anderen Aktivitäten, und darum ist ihre Stellung auch so angreifbar geworden. Moralisten hören vielleicht gern, daß die Liebe eine negative Einkommenselastizität hat. Sie ist eine »untergeordnete« Tätigkeit, allerdings nicht im »moralischen« Sinn.

Man kann drei Arten unterscheiden, auf die sich Bemühungen zeigen, in unserem Liebesleben Zeit zu sparen. Affären, die schon ihrer Natur nach viel Zeit beanspruchen, werden weniger reizvoll; die Zeit, die für jede einzelne Liebesbegegnung aufgewendet wird, nimmt ab; die Gesamtzahl sexueller Vereinigungen sinkt.

Es kostet viel Zeit, sich eine Geliebte zu halten. Disraeli machte Lady Chesterfield den Hof – unsere nichtviktorianischen Ministerpräsidenten und Präsidenten widmen sich fleißig ihren Amtsgeschäften. Heutzutage herrscht die Ansicht, daß Leute in hohen – und selbst in weniger hohen – Positionen von früh bis spät zu arbeiten haben. Die Institution der Geliebten kann sich nicht mehr halten. Wer hat heute schon noch die Zeit für ein intimes Essen im Gespräch mit einer schönen Frau? Die französische

Einrichtung des *cinq-à-sept* – zwei schöne Stunden, die sich aben-
teuerlustige Ehemänner genehmigen – soll dem Vernehmen nach
im Aussterben sein, und das in Frankreich. Im großen und ganzen
ist anzunehmen, daß die eheliche Treue zunimmt, wenn auch nicht
in Gedanken, so doch in der Praxis. Es nimmt zuviel Zeit in Anspruch, neue Kontakte zu knüpfen, und es ist bequemer, sich zu
Haus zu entspannen. Vielleicht aus dem gleichen Grund zeigen
junge, aktive Menschen die Neigung, früh zu heiraten und den
zeitraubenden Prozeß der Partnersuche einzuschränken.
Natürlich werden nach wie vor in großem Umfang neue sexuelle
Kontakte geschlossen, besonders zwischen den Unverheirateten.
Die zunehmende Zeitknappheit dürfte in diesem Fall bewirken,
daß es zu diesen Kontakten nach zunehmend kurzer Einleitung
kommt. Da die Zeit fehlt, öfter miteinander zum Essen auszugehen
und dabei das Terrain zu sondieren, muß man seine Absichten
unverblümter zu erkennen geben. Moderne Liebesaffären erinnern nach Sebastian de Grazia an Geschäftsabschlüsse – »Keine
Ziererei, wenig Blumen, keine Zeitvergeudung durch umständ-
liche Komplimente, Gedichte und langatmige Verführungen,
keine Komplikationen und, bitte, keine Szenen[52].« Diese Taktik
ist auf Zeitersparnis angelegt und setzt das voraus, was wir mit
»sexueller Freiheit« meinen. Wer darüber klagt, daß in der heutigen
Zeit die Mädchen leicht zu haben sind, versteht nicht, daß die
Mädchen in einem hektischen Zeitalter das Tempo anziehen müssen, um sich wie ihren Partnern Zeit zu sparen. Aus Zeitgründen
wäre es undenkbar, daß eine moderne junge Dame – wie ich es in
einem No-Spiel sah – ihren Bewerber hundertmal am Abend
kommen und vergeblich vor ihrer Türe warten ließe, um ihm
beim 101. Mal endlich einzulassen. Der smarte Herzensbrecher,
der in dem Film »Der gewisse Kniff« parodiert wird, soll nur
»zwei Minuten, von Anfang bis Ende«, brauchen. Dieser Fall ist
für eine Epoche mit zunehmender Zeitknappheit ungleich typi-
scher.
Aber moderne Menschen versuchen nicht nur bei der Kontakt-
aufnahme selbst Zeit zu sparen. Der Mann in »Der gewisse Kniff«
sparte offensichtlich bei jeder Runde Zeit. Von Leuten, die es eilig
haben, ist nichts anderes zu erwarten, als daß sie auch in der Liebe
rasch verfahren. Die größte Zeitersparnis auf diesem Gebiet ist
natürlich dann zu erreichen, wenn man auf dieses Vergnügen völlig verzichtet oder doch zumindest so weit, daß sich keine psychi-
schen Störungen einstellen. Eine solche Methode ist offenbar
heute nicht ungewöhnlich. Im Verlauf einer soziologischen Unter-

suchung, bei der sie sich mit etwa 8300 leitenden Angestellten beschäftigten, konnten W. Lloyd Warner und James C. Abegglen eine Anzahl interessanter Beobachtungen über die Situation der Ehefrauen machen. Die Frau, so erfahren wir beispielsweise, »darf nicht zuviel Zeit oder Interesse von ihrem Mann verlangen. Infolge der Zielstrebigkeit, mit der er sich auf seinen Beruf konzentriert, muß sogar seine sexuelle Aktivität zurückstehen«[53].

Selbst beruflich weniger gehetzte Leute scheinen auf die gleiche Weise Zeit zu sparen. Es mag manche Leser überraschen, daß sich nach einem Artikel der Stockholmer Studentenzeitung »Gaudeamus« Studentinnen beklagen, ihre männlichen Kommilitonen nähmen sich keine Zeit für die Liebe. Sie gingen völlig im Studium auf. Daher müßten sich die Studentinnen – wieso haben sie eigentlich mehr Zeit? – an ausländische Studenten oder »gewöhnliche« junge Männer halten.

Auch außerhalb der Manager- und Studentenkreise finden sich Anzeichen, daß die Liebe unter der Konkurrenz anderer Beschäftigungen zu leiden hat. Es ist allgemein bekannt, daß es in New York neun Monate nach dem großen Stromausfall im November 1965 zu einem spektakulären Anstieg der Geburtenzahl kam. Da sie nichts anderes zu tun hatten, taten die Menschen, was sich im Dunkeln eben tun ließ. *Faute de mieux on couche avec sa femme,* in einer modernen Version. Manche sind vielleicht vom Fernsehgerät ins Bett getappt, um sich in einem Augenblick der Angst an jemanden zu klammern. Aber vor allem muß ein trostloser Mangel an Alternativen eine Rolle gespielt haben. Dies würde jedenfalls erklären, warum in Chicago neun Monate nach dem schlimmsten Schneesturm seit Menschengedenken (im Januar 1967) die Geburtenziffer um dreißig Prozent anzog. Wie man hört, sinkt in unterentwickelten Ländern die Geburtenrate, wenn elektrischer Strom installiert wird. Den Freuden der Nacht tritt der verlängerte Tag konkurrierend entgegen.

So kann die zunehmende Zeitknappheit Venus auf verschiedene Weise Zeit entziehen. Die einzige Kraft, welche der Zeitknappheit entgegenwirkt, basiert auf dem Abbau unserer Hemmungen. Diese Gegenkraft ist aber wohl nicht stark genug, um der Liebe einen höheren Stellenwert zu verschaffen; dazu kommen noch Geschmacksveränderungen, die unser Begehren verringert haben. Der Grund liegt darin, daß sich die Reize der Liebe vermindern, wenn die Zeit für sie geringer wird. Schon Ovid schrieb in seinen »Remedia amoris«:

Tam Venus otia amat;
   qui finem quaeris amoris,
Credit amor rebus;
   res age, tutus eris*.

Dabei sollte man bedenken, daß Ovid sicher meint, nicht nur
Arbeit, sondern auch andere Verbrauchstätigkeit wirkten auf Lei-
denschaften abträglich. Um noch einen Dichter, Charles Baudelaire, zu zitieren: *Il est malheureusement bien vrai que, sans le loisir ...*
l'amour ne peut être qu'une orgie de roturier que l'accomplissement d'un
devoir conjugal. Au lieu du caprice brûlant ou rêvêur, il devient une
répugnante utilité**.
Ovid wie Baudelaire sprachen ihre Warnung in einer Epoche aus,
in der Zeitknappheit die Ausnahme war. Heute, da sie die Regel
ist, erscheint ihre Meinung über die Voraussetzungen der Liebe
noch bedenkenswerter. Für diejenigen, die sich nicht auf Dichter
verlassen wollen, können wir andere Autoritäten zu Zeugen dafür
aufrufen, daß ein schnelleres Lebenstempo die Empfindungen
abtötet. Wer sich die Mühe macht, ein Sexualhandbuch zu konsul-
tieren, wird feststellen, wie sehr die verheerenden Folgen zeit-
sparenden Vorgehens hervorgehoben werden. Und doch sind die
Verfasser dieser Werke – ebenfalls zur Klasse der ruhelosen
Wohlstandsmenschen gehörend – vielleicht selbst den appetit-
zügelnden Wirkungen der Zeitknappheit erlegen. David Riesman
macht in seinem Buch »The Lonely Crowd« die folgende Bemerkung: »Die älteren Ehehandbücher, wie das (allerdings noch sehr
beliebte) von van de Velde, atmen einen begeisterten Ton, sie
sind Reisebücher der Liebeslust. Die neueren, darunter einige
Sexhandbücher für High Schools, sind sachlich, unbeschwingt
und hygienisch orientiert – im Stil der Boston Cooking School[54].«
»Der Sex ist tot«, verkündete 1966 ein amüsanter Artikel im
»Christian Century«. Darin wurde eine Fülle von Material darüber
ausgebreitet, daß das Interesse an der Liebe nachgelassen habe.
Natürlich bedeutet dieser Nachruf ebensowenig wie unsere These
von der zunehmenden Zeitknappheit, daß die körperliche Liebe
völlig beseitigt wäre. Nach wie vor wird geliebt, wie nach wie vor

* So liebt Venus die Muße;
Wenn du das Ende der Liebe suchest:
Die Liebe weichet der Geschäftigkeit;
Sei geschäftig, und du wirst errettet sein.
** »Es ist leider nur zu wahr, daß ohne Muße ... die Liebe sich nicht über eine Krämerorgie
oder die Vollziehung einer ehelichen Pflicht zu erheben vermag. Anstatt einer leidenschaftlichen
oder poetischen Caprice wird sie zu einer abstoßenden Zweckhandlung.« (Charles Baudelaire,
»Le peintre de la vie moderne«)

gegessen wird. Aber – um die überraschend treffende Parallele zu den Schlemmerfreuden zu erweitern – man verwendet weniger Zeit auf Zubereitung und Abschmecken. Infolgedessen nehmen wir in ungemütlicher Hast immer mehr tiefgekühlte Nahrung zu uns – und zuweilen ist die Zeit sogar so kurz, daß wir uns gar nicht erst die Mühe machen, uns satt zu essen. Ein Vergnügen ist zur Befriedigung eines elementaren Bedürfnisses geworden – zu einer »Krämerorgie«, einer Unterhaltsfunktion, einer ehelichen Pflicht.

Interessanterweise läßt sich diese Auffassung der Liebe gut mit den Grundsätzen vereinbaren, die von gewissen Richtungen innerhalb der christlichen Kirchen vorgetragen werden: Körperliche Liebe ist notwendig für die Vermehrung der Seelen, und daher nimmt man sie in Kauf, solange sie sich rasch, nicht besonders häufig und stets innerhalb der Familie vollzieht. Darin liegt eine vollkommene Ironie. Wie mittelalterliche Wirtschaftsregeln abgeschafft wurden, um die industrielle Revolution zu ermöglichen, so sind auch brennende soziale und ethische Grundsätze durch ein von der Philosophie des Genusses beflügeltes Zeitalter über den Haufen geworfen worden. Doch die angeblich unmoralischen Vertreter unserer glaubenslosen Epoche sehen keinen Anlaß, ihre erotische Freiheit zu nutzen, und richten sich in der Praxis mehr nach antiquierten Moralgesetzen als jene, die sie ursprünglich formulierten.

Doch so erwähnenswert und plausibel dies alles auch scheinen mag – sprechen nicht deutliche Anzeichen für das Gegenteil? Hat man denn nicht unsere Zeit »übersexualisiert« genannt? Und trotzdem widersprechen die für diese Bezeichnung verantwortlichen Erscheinungen nicht der These, das wirtschaftliche Wachstum habe in der Erotik zu Bemühungen um Zeitersparnisse geführt. Beschäftigen wir uns etwas genauer mit drei Phänomenen, die gemeinhin als sicheres Zeichen für die sittliche Verworfenheit der Gegenwart gelten. Das erste ist, daß sexuelle Kontakte zunehmend in jungen Jahren geschlossen werden. Daraus geht aber nur hervor, daß junge Menschen, die noch nicht das Einkommensniveau des ruhelosen Wohlstandsbürgers erreicht haben, von den Freiheiten Gebrauch machen, die ursprünglich für die Erwachsenen gedacht waren. Oft zitiert wird auch die Tatsache, daß sexuelle Vereinigungen immer beiläufiger, das heißt nach zunehmend kurzer Bekanntschaft, stattfinden. Daß man sich heute weniger Zeit dafür nimmt, deutet jedoch eher darauf hin, daß man überhaupt weniger Zeit für die Liebe hat. Die Menschen haben es eilig, und so muß jeder Kontakt rascher zum Ziel führen. Drittens wird das massive Auftreten der Pornographie als Beweis für große sexuelle Aktivität angeführt. Aber hier scheint man aus einer Maus einen Elefanten zu machen. Pin-up-Girls und andere pseudo-sexuelle Manifestationen gewähren eher optische Befriedigung; die Aktivität kommt zu kurz. Ein Liebesleben, das aus einer Folge äußerst kurzer Begegnungen besteht, hat eine frustrierende Tendenz. In diesem Fall können ein paar Sxfilme dazu dienen, gewisse Regungen zu erleben. Der Wandel der weiblichen Ideale spiegelt wahrscheinlich die moderne Lebenseinstellung. Die verführerische Dämonie einer Marlene Dietrich sagt einer Generation wenig, die nicht daran interessiert ist, »to do it and do it well«. Die Sexidole von heute befriedigen mehr durch das bloße Anschauen oder erwecken vielleicht die Hoffnung auf ein rasches Abenteuer.

Einige florierende Freuden

Es gibt einige Konsumarten, auf die zunehmend Zeit verwendet wird. Diese Gruppe umschließt die Vergnügungen, deren Intensität durch eine Vermehrung des Gütervolumens pro Zeiteinheit ziemlich leicht zu erhöhen ist.
Die Menschen haben, vor allem in Amerika, eine überraschende Vorliebe für große Essen, Feste und Cocktail-Parties. Das läßt sich vielleicht so erklären, daß dadurch die dem gesellschaftlichen Verkehr zugeteilte Zeit höchst effektiv genutzt wird. Man trifft so viele Leute auf einmal. Man kann gleichzeitig Nahrung und Menschen »konsumieren«. Es gilt oft als weniger ehrenvoll, allein eingeladen zu werden, als an einer großen Gesellschaft teilzunehmen. Dabei sollte es eigentlich genau umgekehrt sein. Vielleicht fürchtet man sich vor dem Eindruck, seine Zeit sei so wenig wert, daß man sich nur mit den Gastgebern zufriedengibt. Solche Bemühungen, mit seiner Zeit hauszuhalten, führen dann früher oder später dazu, daß man zwar zahlreiche Bekannte, aber keine Freunde hat. (Die gleiche Wirkung hat eine andere zeitsparende Methode, deren sich manche Leute bedienen: Sie versenden Weihnachtswünsche in Form von Rundschreiben.)
Die sinnfälligsten Beispiele für florierende Vergnügungen finden sich unter Tätigkeiten, die auf der Nutzung von Gegenständen beruhen. Die durchschnittliche Einkommenselastizität solcher Beschäftigungen ist hoch. Den typischen Verbraucher umgibt ein dichter Dschungel von Dingen: Haus und Wochenendhaus, Autos und ein Boot, Fernsehgerät, Radioapparat und Plattenspieler,

Schallplatten, Bücher, Zeitungen und Illustrierte, Kleidung und Sportkleidung, Tennisschläger, Federballschläger und Tischtennisschläger, Fußbälle, Wasserbälle und Golfbälle, Keller, Speicher und Einbauschränke und alles, was dort aufbewahrt wird. Und die *gesamte* Zeit, die auf die Nutzung dieser Dinge verwendet wird, ist im Zunehmen begriffen, während jedoch gleichzeitig für jedes einzelne immer weniger Zeit erübrigt wird.

Teilt man die verschiedenen Tätigkeiten dieser Gruppe in Komponenten auf, wird man natürlich feststellen, daß sie alle insgesamt nicht mehr Zeit beanspruchen. Sie konkurrieren um Zeit, machen sie sich streitig, und so werden viele Dinge, obwohl noch benutzbar, tatsächlich überhaupt nicht benutzt. Ein Tennisschläger liegt irgendwo herum, oder eine Sportausrüstung liegt vergessen in einem Winkel. Selbst wenn uns die Wirtschaftstheorie anscheinend lehrt, daß Güter ohne Rücksicht auf die ihnen gewidmete Zeit Nutzen gewähren, empfindet der einzelne gleichwohl diese Gegenstände als wertlos. Wenn ihr Besitzer die Zeit findet, sie wegzuwerfen – die letzte Unterhaltsfunktion –, dann werden sie weggeworfen. So führt der sich beschleunigende Verbrauch infolge fehlender Verbrauchszeit zum Wegwerfsystem. Gegen die Beschuldigung, daß manche Firmen Produkte mit »eingebautem Verschleiß« (das heißt mit kürzerer Lebensdauer, als sie ohne zusätzliche Herstellungskosten möglich wäre) verkaufen, wird das Argument angeführt, die Leute wollten ihre Sachen nicht so lange besitzen, und dies könnte man eben schon bei der Herstellung einplanen.

Eine spezielle Freizeitbeschäftigung spielt heute eine besondere Rolle in den Bemühungen, die Güterintensität des Verbrauchs zu erhöhen: das Fotografieren. Der Tourist muß sich nicht mehr mit dem zufriedengeben, was er sieht. Er knipst und gibt sich damit das Gefühl, daß er seine Zeit wirklich ausnützt. Durch Kameras konnte die Güterintensität zahlreicher Beschäftigungen erhöht werden. Man versteht leicht, warum die Liebe so konkurrenzgefährdet ist, wenn wir daran denken, daß wir ja nur einem einzigen Menschen Zeit widmen und dabei nicht einmal fotografieren können.

Die Gefahren der Beschleunigung

Der Verbrauch wird beschleunigt, um den Ertrag der Verbrauchszeit zu erhöhen. Natürlich besteht das Risiko, daß eine gesteigerte Güterintensität und die damit verbundene Neuverteilung der Zeit zu den gegenteiligen Ergebnissen oder doch zumindest nicht zu optimal befriedigenden Resultaten führen können. Wir wissen ja, daß Reichtum keine Garantie für Glück ist. Eine Erklärung dafür abgeben zu wollen, wäre anmaßend und würde uns weit vom Thema dieser Studie fortführen. Dennoch ist es vielleicht nicht uninteressant, auf den Umstand hinzuweisen, daß steigende Einkommen zu einem sinkenden Ertrag der Verbrauchszeit führen können.

In seinem faszinierenden Buch »The Decline of Pleasure« hat Walter Kerr behauptet, die heutige Forderung nach einer maximalen Nutzung der Zeit verhindere Entspannung und Lebensgenuß. Er kann durchaus recht haben. Die Tätigkeiten, die sich auf dem Band der Zeit drängen, machen einander oft den Platz streitig. Als Beispiel einer fragwürdigen Form gleichzeitigen Verbrauchs zitieren wir aus Kerrs Buch:

Wir haben »Musik zum Lesen«, »Musik zum Lieben«, »Musik zum Schlafen« und, wie ein Witzbold bemerkt hat, »Musik zum Musikhören« erlebt. Das Interessante an diesen Bezeichnungen ist, daß sie so freimütig zeigen, wie es in unserer Zeit mit den populären Künsten bestellt ist. Ohne Umschweife wird zugegeben, daß von niemandem erwartet wird, er solle sich doch endlich mal ruhig hinsetzen und Musik hören. Es wird stillschweigend vorausgesetzt, daß jeder in Hörweite der Musik sich mit irgend etwas anderem beschäftigt . . . [55]

Ein anderes Beispiel für gleichzeitigen Verbrauch von zweifelhaftem Wert: Ein Amateurfotograf, der ständig Bilder knipst, droht die Fähigkeit zu verlieren, den Augenblick zu genießen. Er verpfändet die Gegenwart für eine ungewisse Zukunft. Besonders bei jenen Betätigungen, die Können, Disziplin und Geduld verlangen, wenn sie Freude geben sollen, können Versuche der Zeitersparnis verheerende Folgen haben. Solche Beschäftigungen werden uninteressant, wenn nicht gar qualvoll. Zu dieser Kategorie gehört jede ernsthafte Kultivierung des Geistes. Um Erich Fromm zu zitieren: ». . . jeder, der sich schon einmal bemüht hat, eine Kunst zu erlernen, weiß, daß man nur mit Geduld etwas erreicht. Wer auf rasche Erfolge aus ist, wird nie ans Ziel kommen. Doch dem modernen Menschen fällt Geduld ebenso schwer wie Disziplin und Konzentration. Unser ganzes Wirtschaftssystem begünstigt genau das Gegenteil: Ungeduld und Hektik[56].«

Wenn uns die zunehmende Zeitknappheit die Freude an der Kultivierung unseres Geistes nimmt, dann ist dies eine sehr schwerwiegende Folgeerscheinung. Wir werden uns mit diesem Problem in einem eigenen Kapitel beschäftigen.

Die Risiken, auf die Kerr und Fromm hinweisen, betreffen den Verbraucher, der *unbewußt* von einer optimalen Zeitverteilung abweicht. Aber damit nicht genug: Es besteht auch die Gefahr, daß wir unsere Zeit oft *bewußt* anders verteilen, als wir das eigentlich gerne täten. Dies resultiert aus der Tendenz, unseren Zeitvorrat übermäßig mit Hypotheken zu belasten, und aus der Tatsache, daß in einer angespannten Situation die Verbrauchszeit am leichtesten einzuschränken ist. Viele Leute unterschätzen den notwendigen Unterhalt verschiedener Güter. Wenn die Unterlassungssünden sich dann bemerkbar machen, weicht man auf Verbrauchszeit aus. Mancher Swimming-pool-Besitzer mußte schon die unangenehme Erfahrung machen, daß die Instandhaltung so viel Zeit verschlingt, daß zum Schwimmen keine Zeit mehr bleibt. Mühelos lassen sich Beispiele einer »Unterhalts-Blindheit« finden, die den Leuten die Zeitplanung durcheinanderbringt. Es gibt aber auch eine Blindheit in der Freizeitgestaltung. Viele schaffen sich eine Menge von Dingen an, ohne zu überlegen, daß es Zeit erfordert, davon Gebrauch zu machen. Man tritt beispielsweise gleichzeitig einem Golfklub und einem Segelverein bei und muß alsbald feststellen, daß man eigentlich von beiden nichts hat, weil einem die Zeit fehlt. Oder man macht sich etwas vor und pendelt zwischen den beiden Tätigkeiten auf eine Weise hin und her, die mit echter Entspannung wahrhaft unvereinbar ist. Leicht wird übersehen, daß Güter zum Unterhalt wie zum Genuß Zeit beanspruchen, und diese Form von Blindheit führt zu einer nicht optimalen Zeitverteilung.

8 Kulturzeit

Interviewer:
Glauben Sie auch, daß der klassische Roman tot ist?
Alberto Moravia:
Nicht unbedingt ... Aber die Welt von heute
hat zum Lesen keine Zeit mehr[57].

Ein Ziel des wirtschaftlichen Wachstums

Geist und Seele zu kultivieren gilt allgemein als höchstes Ziel menschlichen Bemühens. Dieses Streben, so heißt es, erhebt unsere Kultur über alles, was die unbedeutenderen Glieder der Darwinschen Kette zu erreichen vermögen. Eine solche Auffassung spiegelt sich in dem lateinischen Satz wider: »Horas non numero nisi serenas« – nur Stunden des Seelenfriedens zählen.

Die profanen Denker, die das Evangelium des Wirtschaftswachstums ersonnen haben, sahen im wirtschaftlichen Fortschritt ein wirksames Mittel, den kulturellen Fortschritt zu fördern. Sie erwarteten, daß immer mehr Zeit der Pflege des Geistes gewidmet würde. Tibor Scitovsky hat es so formuliert: »Kurzum, sie hofften, der Fortschritt werde mehr und mehr Menschen in Philosophen nach ihrer eigenen Vorstellung verwandeln, die sich der philosophisch gelassenen Betrachtung der Welt und ihrer Wunder hingeben[58].« Auch die optimistische Aufklärung hegte großenteils solche Erwartungen. Heute, da die Wirtschaftskunde zu einer Wissenschaft geworden ist, haben ihre Vertreter das Interesse an den Endzielen des wirtschaftlichen Wachstums und deren Durchsetzbarkeit verloren. Und auch die entwickelten analytischen Instrumente haben uns keinen Einblick in das Wechselspiel zwischen Wirtschaft und Kultur vermitteln können. Eine Theorie der Zeitverteilung kann jedoch in dieser Hinsicht einige Hinweise geben. Sie enthüllt eine Tatsache, die vielleicht viele beunruhigend finden: Wirtschaftliches Wachstum setzt die Kulturzeit zunehmender Konkurrenz aus, und die Zeit, die kulturellen Beschäftigungen gewidmet ist, nimmt wahrscheinlich ab.

Vermutlich glauben die meisten, die sich darüber überhaupt Gedanken gemacht haben, daß wirtschaftliches Wachstum, das unsere materiellen Güter steigert, ebenso dazu führen muß, daß auch für kulturelle Zwecke mehr Mittel aufgewendet werden und man somit der Kultivierung von Seele und Geist mehr Zeit widmen wird. Diese These ist jedoch höchst oberflächlich.

Wie wir bereits festgestellt haben, wird für verschiedenartige Verbrauchstätigkeiten eine gewisse Neuverteilung der Zeit stattfinden. Mehr Zeit wird auf Tätigkeiten entfallen, bei denen eine erhöhte Aufnahme von Verbrauchsgütern einen erheblichen Beitrag zum gesamten Wohlbefinden leistet. Die Zeit, die für die Kultivierung von Geist und Seele aufgewendet wird, gibt ja eine Befriedigung, die sehr wenig von Gütern abhängt. Deshalb sind solche Beschäftigungen am reizvollsten, wenn das allgemeine Einkommensniveau niedrig liegt – wenn auch über dem Stand lähmender Armut. Mit einem weiteren Anstieg des durchschnittlichen Einkommensniveaus eröffnen sich neue Möglichkeiten. Tätigkeiten, die durch eine hohe Güterintensität gewinnen, werden immer reizvoller. In dieser Richtung wird eine zeitliche Neuverteilung erfolgen. Nur wenn die Gesamtverbrauchszeit stark zunimmt, kann sich auch die Kulturzeit erhöhen. Obwohl man meinen sollte, daß mehr Zeit zur Erholung *vom* Konsum nötig wäre, wird doch mehr Zeit der Erholung *zum* Konsum gewidmet werden. Somit kann also – und diese Gefahr ist groß – das Bemühen um kulturelle Entwicklung eine Beschäftigung mit negativer Einkommenselastizität sein. Schlicht gesagt: Die Kultivierung von Geist und Seele ist eine zweitrangige Tätigkeit. Aldous Huxley hat in den folgenden ironischen und weitblickenden Bemerkungen den Optimismus der wirtschaftlichen Erwartungen zusammengefaßt:

Die diversen Propheten mögen voneinander abweichen, wenn es die relative Bedeutung der verschiedenen Aktivitäten einzuschätzen gilt, welche das allgemein so genannte »höhere Dasein« ausmachen; doch darin sind sie sich alle einig, daß sich das Dasein unserer gesegneten Nachkommen auf einem höheren geistigen Niveau abspielen wird. Sie werden »das Beste, was jemals gedacht oder gesagt wurde«, mit größtem Eifer studieren; sie werden andächtig Konzerten höchst klassischer Musik lauschen; sie werden sich in Kunst und Kunstgewerbe üben ... sie werden sich der Naturwissenschaft, der Philosophie, der Mathematik widmen und meditieren über das zarte Mysterium der Welt, in der sie leben. Mit einem Wort: Die begüterten Massen der Zukunft ... werden all das tun, was die begüterten Klassen der Gegenwart so katastrophal vernachlässigen[59].

Veränderungen im Bereich kultureller Beschäftigungen

Nicht alle kulturellen Aktivitäten werden von der zunehmenden Konkurrenz um die Zeit gleichermaßen betroffen. Der Grund liegt darin, daß sich diese Aktivitäten durch eine erhöhte Güterintensität verschieden stark intensivieren lassen. Schöne Wolkenbildungen zu bewundern oder über die Fragen des Lebens zu meditieren – dafür braucht man nur Zeit und keine Güter. Die Freude am Besitz schöner Bilder dagegen kostet im Verhältnis zum finanziellen Aufwand weniger Zeit. Eine interessante mittlere Kategorie bildet die darstellende Kunst. Sie beansprucht in ausgeglicheneren Proportionen die Zeit des einzelnen, die Zeit des Künstlers und verschiedene Güter in Form von Baulichkeiten und Requisiten.

Die erste Kategorie wird von der Konkurrenz um die Zeit besonders stark betroffen. Güter werden immer billiger, die Zeit wird immer teurer, aber diese Beschäftigungen bieten keine Möglichkeit, Güter durch Zeit zu ersetzen. Mehr Güter erhöhen hier nicht den Genuß, sondern mindern ihn sogar. Die echten, unverdorbenen Freuden der Romantik schwinden dahin. Niemand hat mehr die Zeit, sich an einem Herbstblatt zu freuen, aber viele nehmen sich die Zeit, die Reklame für ein teures Fernsehgerät zu bewundern.

Was Theateraufführungen betrifft, so besteht hier zweifellos ein großer Spielraum, den Genuß ohne vermehrten Zeitaufwand zu erhöhen. Man kann sich aufwendigere – und damit vielleicht auch bessere – Aufführungen ansehen, um den Zeitertrag zu steigern. Dies scheint dafür zu sprechen, daß man sich immer mehr bemühen wird, die Qualität der Darbietungen zu heben, und daß die Leute mehr Zeit dafür aufwenden werden, das Ergebnis solcher Anstrengungen zu genießen. Doch könnte diese Schlußfolgerung voreilig sein. Eine erhöhte Güterintensität wird dann verlockend, wenn im Vergleich zum Preis für Zeit der Preis für Güter fällt, das heißt, wenn das Produktivitätsniveau steigt. Aber bei Musik und Theater läßt sich die Produktivität nicht ohne weiteres erhöhen. Der »Rigoletto« wird durch Mechanisierung nicht viel besser. Ein ungeprobter »Schwanensee« ist nicht eben ein Kunstgenuß.

Die Aufführung einer Beethoven-Symphonie erfordert eine gewisse Zahl von Arbeitsstunden. Jeder Versuch, das Orchester zu verkleinern, das Tempo zu steigern oder die Zahl der Proben zu reduzieren, also jede »Produktivitätserhöhung«, wird nur als Qualitätsminderung empfunden und Mißfallen erregen.

Aus diesem Grund lassen sich hier sämtliche Kosten, die nicht den Zeitaufwand des einzelnen betreffen, nicht relativ senken. Die Produktionskosten – und damit die Kartenpreise – steigen mit dem Preis der Güter, genauso wie die Zeit des einzelnen. Daher besteht auf diesem Gebiet kein Spielraum für eine lohnende Steigerung der Intensität von nichtzeitlichem Aufwand. Allenfalls kann man versuchen, den Zeitertrag zu steigern – etwa mit mehr Kulissen auf der Bühne oder durch den Konsum von trockenem Martini in den Pausen. So macht sich die Konkurrenz um die Zeit der Leute bei diesen Kunstformen bemerkbar. Nur dann, wenn das Einkommen des einzelnen im Verhältnis zum Durchschnittsniveau zunimmt, wird jener Teil der Gesamtkosten relativ vermindert, der nicht seine eigene Zeit umfaßt.

Es gibt auch kulturelle Aktivitäten, bei denen es zweifellos möglich ist, die Güterintensität und damit den Zeitertrag zu erhöhen, wenn die Güterpreise im Verhältnis zur Zeit des einzelnen sinken. Bei steigenden Einkommen kann man beispielsweise das Vergnügen am Fernsehen dadurch steigern, daß man sich ein aufwendigeres Gerät anschafft. Lebendig kann man Fernsehaufführungen von Theaterstücken, Balletten und Opern genießen, welche dieses Medium sehr billig ins Haus liefert. Erhöhen sich die Einkommen, kann man sich auch eine immer imposantere High-Fidelity-Anlage anschaffen und somit den Genuß guter Musik erhöhen. Man vergrößert seine Schallplattensammlung, so daß man für die jeweilige Stimmung immer die richtige Musik zur Hand hat, und steigert dadurch den Hörgenuß. Auf die gleiche Weise läßt sich vielleicht der eigene Appetit auf Lektüre verbessern, indem man sich eine Privatbibliothek zulegt. Kunstfreunde können sich eine Sammlung aufbauen. Reiche Leute sind aus zeitökonomischen Gründen Bildersammler und nicht Ballettkenner.

Doch selbst bei diesen Tätigkeiten ist der Spielraum für solche Auffassungen, verglichen mit den normalen Verbrauchstätigkeiten, recht eng begrenzt. Es ist wahrscheinlich leichter, seine Freude am Segeln zu steigern, indem man sich immer größere Segelboote kauft, als die Freude am Lesen durch Erweiterung der eigenen Bibliothek zu vertiefen. Häufig kaufen die Leute auch Dinge wie eine hochmoderne Hi-Fi-Anlage mehr aus technischem

Interesse als der Erhöhung des Kunstgenusses wegen. Insofern die Möglichkeiten, den künstlerischen Ertrag durch verbesserte Güterintensität zu heben, relativ begrenzt sind, werden auch diese kulturellen Aktivitäten vom Zeitdruck bedroht.

Geschmacksänderungen

Parallel zum Wirtschaftswachstum können auch verschiedene Veränderungen im Geschmack auftreten und die Zeitverteilung beeinflussen. So ist es zum Beispiel denkbar, daß der Wunsch zunimmt, sich mit kulturellen Dingen zu beschäftigen, und daß dies den negativen Effekt der begrenzten Möglichkeit, dabei die Güterintensität zu steigern, ganz oder teilweise ausgleicht. Möglich ist aber auch, daß der Geschmack sich in entgegengesetzter Richtung verändert und die Tendenz verstärkt, die Zeit kultureller Beschäftigungen zu beschneiden. In der Praxis ist es jedenfalls wahrscheinlich, daß es zu beträchtlichen Geschmacksveränderungen kommt. Wir können mindestens zwei wichtige Ursachen für solche Umstellungen unterscheiden. Die erste – in den Anfangsphasen am stärksten – hat die Tendenz, das Interesse für Kulturzeit zu stärken. Die zweite wirkt in entgegengesetzter Richtung.
Parallel zum Wirtschaftswachstum ist ein enormer Ausbau des allgemeinen Bildungswesens festzustellen. Dieser Anstieg des Bildungsniveaus muß das Interesse an kulturellen Dingen positiv beeinflußt haben. Die allgemeine Schulpflicht hat das Analphabetentum beseitigt und damit eine notwendige Voraussetzung für viele kulturelle Aktivitäten geschaffen. Das erweiterte Bildungswesen hat wahrscheinlich die anspruchsvolleren Formen kultureller Tätigkeit günstig beeinflußt. W. J. Baumol und W. G. Bowen berichten, daß zum Beispiel Theaterbesucher im Durchschnitt einen sehr hohen Bildungsstand aufweisen. In den Vereinigten Staaten besteht das Theaterpublikum nur zu 2,5 Prozent aus Menschen mit manueller Tätigkeit, obwohl diese Gruppe sechzig Prozent der städtischen Bevölkerung ausmacht[60]. Swedner ist für Schweden zum gleichen Ergebnis gekommen[61]. Zwischen diesen Zahlen besteht kein kausaler Zusammenhang, zumindest aber schließen sie nicht die Möglichkeit aus, daß die Allgemeinbildung das Interesse an kulturellen Beschäftigungen anregt. Diese Feststellung widerspricht auch nicht der bereits vorgetragenen These, daß sich ein Anstieg des Einkommensniveaus auf die Kulturzeit negativ auswirke. Zunächst einmal müssen wir auf den Unter-

schied zwischen einer Erhöhung des durchschnittlichen Einkommensniveaus und einem Einkommensanstieg bestimmter Personen im Vergleich zu allen übrigen achten. Eine Querschnittsanalyse kann andere Resultate ergeben als eine Zeitreihenanalyse. Zum zweiten liegt die Möglichkeit auf der Hand, daß die positiven Geschmacksveränderungen in der Realität die negativen Einkommensänderungen aufwiegen und daß das Nettoresultat einer Einkommenssteigerung zu einer Zunahme der Kulturzeit führt.

Wahrscheinlich aber hat ein Anstieg des Bildungsstandes seine größte Wirkung in einer einleitenden Phase wirtschaftlichen Wachstums. Ein Großteil des erweiterten Bildungsangebots in einer fortgeschrittenen Wirtschaft ist auf berufliche Erfordernisse zugeschnitten. Für die Weiterentwicklung der Wirtschaft ist es vermutlich von Vorteil, wenn für eine umfassendere Ausbildung auf den Gebieten der Public Relations, der Programmierung und des Stewardessenberufs gesorgt wird. In »The Organization Man« beschäftigt sich William Whyte mit dem verstärkten Gewicht, das heute in den USA auf praktische Bildungsfächer gelegt wird. Das gleiche Thema greift J. K. Galbraith in seinem Buch »The Affluent Society« auf. Die Wirkung solcher Ausbildung auf den »Appetit auf Kultur« dürfte freilich unbedeutend sein.

Es besteht auch die Gefahr, daß persönliche Vorlieben und Neigungen sich in einer Richtung verändern, die geeignet ist, das kulturelle Interesse zu mindern. Die zunehmende Zeitknappheit, die in der Produktion wie im Verbrauch zu einem erhöhten Tempo führt, zerstört wahrscheinlich die Freude an vielen kulturellen Aktivitäten (Harald Swedner berichtet von einer Befragung in Schweden, bei der 40 Prozent der Befragten angaben, sie seien abends so müde, daß sie nicht so oft ins Theater gingen, wie sie es gerne tun würden). In diesem Fall würde die Kulturzeit nicht nur deswegen abnehmen, weil es schwierig ist, auf diesem Gebiet die Güterintensität zu erhöhen, sondern auch weil der »Appetit auf Kultur« an sich geringer wird. Erich Fromm äußert sich am Ende seiner Analyse der Voraussetzungen künstlerischer Betätigung sehr skeptisch über den Einfluß moderner Lebensbedingungen. Wir haben bereits im vorhergehenden Kapitel als Einleitung der hier gegebenen Darstellung Fromms Feststellung zitiert, daß Kunstausübung viel Geduld verlange, während unsere ganze Lebensgestaltung im Gegenteil Schnelligkeit begünstige. Fromm führt auch noch andere Eigenschaften an, wie Disziplin, Konzentration und »höchste Hingabe«. Selbst wenn die von ihm gestellten Forderungen im Hinblick auf die bescheidenen Versuche des

Durchschnittsverdieners zur Selbstverwirklichung vielleicht recht kategorisch erscheinen, so kann man doch überlegen, wie gut ihnen unter andersgearteten Bedingungen entsprochen wird. Die Schlußfolgerungen, zu denen Fromm gelangt, stimmen wohl mit dem bisher Gesagten überein:

Doch noch seltener als Selbstdisziplin ist in unserer Kultur die Konzentration. Unsere Kultur führt im Gegenteil zu einer Lebensform ohne Konzentration und Sammlung ... Wir tun vielerlei zur gleichen Zeit: Wir lesen, hören Radio, plaudern, rauchen, essen, trinken. Wir sind die Konsumenten mit dem aufgesperrten Mund, bereit und willig, alles zu schlucken ...

Die geistige Energie und innere Konzentration, die notwendig sind, um Geist und Seele angemessen zu kultivieren, sind nach einem hektischen Tagewerk nicht leicht aufzubringen. Geht man nach einem arbeitsreichen Tag zur Entspannung in ein Konzert, so stellt sich vielleicht eine sanfte Schläfrigkeit – an sich durchaus erquicklich – statt geistiger Erhebung ein. Es schmälert vielleicht das Vergnügen nicht, wenn man erst beim Anpfiff ins Fußballstadion kommt, aber wer außer Atem und mit knapper Not vor Beginn der Ouvertüre im Opernhaus eintrifft, der kommt in der falschen Stimmung.

Die Kontroverse um kulturelle Fakten

Wie sich das wirtschaftliche Wachstum tatsächlich auf das Kulturniveau und die Zeit ausgewirkt hat, die der einzelne der Pflege von Geist und Seele widmet, darüber gibt es die verschiedensten Meinungen. Gewaltiger Aufschwung oder entsetzlicher Verfall – so oder so hat man geurteilt. Dieser mangelnde Konsensus kann kaum überraschen, denn alles, was über »Kultur« geredet wird, ist ja von Hause aus vage. Alle Versuche einer exakten Bestimmung sind zum Scheitern verurteilt. So kann das erkennbare Verhalten eines Menschen irreführen. Da liest einer vielleicht, aber weil er Zitate sucht, nicht, um sein Wissen zu vertiefen. Dort läßt einer eine Beethoven-Schallplatte spielen, aber als Begleitmusik zur abendlichen Bridge-Partie. Eine andere Komplikation liegt darin, daß man sich einer Sache mit verschiedenen Absichten widmen kann. Einem Professor können seine Entdeckungen sowohl intellektuellen Genuß als auch Befriedigung über die möglichen Auswirkungen auf seine Karriere verschaffen. »Zwei Seelen wohnen, ach! in meiner Brust«, klagt Faust. Die Kulturdiskussionen können auch zu einem Streit über Qualitätsfragen ausarten. Die Bezeichnung »Massenkonsum von Kultur« ist verwendet worden, um sowohl eine große Errungenschaft wie eine gewaltige Degeneration zu bezeichnen.

Der mangelnde Konsensus ist aber nicht nur die Folge solcher Definitionsschwierigkeiten. Meinungsverschiedenheiten ergeben sich auch daraus, daß es nicht gelungen ist, den Zeitraum genau zu bestimmen, in dem Vergleiche angestellt werden sollen. In der Anfangszeit des Wirtschaftswachstums haben wahrscheinlich steigende Einkommen wie steigender Bildungsstand dazu beigetragen, die Kulturzeit zu vermehren. Allmählich aber ist dann wohl durch weitere Einkommenssteigerungen in Verbindung mit einer hektischeren Lebensform die Kulturzeit unter einen Druck geraten, der durch einen weiteren Anstieg des Bildungsniveaus nicht völlig ausgeglichen wurde. Wenn Einkommenserhöhungen und Geschmacksveränderungen also zu verschiedenen Zeiten verschiedene Wirkungen ausgeübt haben, dann kommt es bei unseren Folgerungen darauf an, welche Perioden wir vergleichen.

Selbst wenn gegenwärtig die Kulturzeit unter einem gewissen Druck steht, wäre es überraschend, wenn die kulturelle Gesamtzeit sich heute nicht auf einem höheren Stand befände als zu jener Zeit, in der die Wirtschaftsentwicklung sich zu beschleunigen begann. Diese Schlußfolgerung scheint statthaft, selbst wenn wir nicht als sicher voraussetzen sollten, daß die Lage in dieser Hinsicht ganz und gar trostlos war. In einer anscheinend gut belegten Untersuchung des Lebensstandards der Vereinigten Staaten im Jahre 1860 zeigt E. W. Martin, daß das Niveau kultureller Betätigung damals recht beträchtlich war.

[Chorvereinigungen, Liebhabertheater und Dramenzirkel], oft mit literarischen Vereinen und Debattierklubs verbunden, fanden sich in fast jedem Ort. Ihre Darbietungen in Schulhäusern oder kleinen Sälen, mit improvisierten Kostümen und Requisiten, boten wie die musikalischen und literarischen Vereinigungen einen willkommenen Anlaß für Zusammenkünfte und machten für die jungen Leute vom Lande das Leben abwechslungsreicher. In den größeren Orten und Städten waren sie zwar besser ausgestattet, können aber Mitwirkenden und Zuschauern kaum so viel echtes Vergnügen bereitet haben[62].

Aber selbst wenn der Umfang kultureller Aktivitäten sich erweitert hat, so läßt sich doch nicht bestreiten, daß der Aufschwung den so lange gehegten Hoffnungen nicht entspricht. Es ist zwar möglich, daß die einstigen Kulturoptimisten sich in der menschlichen Natur völlig getäuscht haben. Es kann aber auch sein, daß sie die Tatsache übersahen, daß wirtschaftliches Wachstum den Menschen nicht nur vom Zwang zur Arbeit befreit, sondern außer der Pflege des Geistes Annehmlichkeiten schafft, die alle um die verfügbare Zeit konkurrieren. Jedenfalls wird heutzutage niemand ernsthaft behaupten, daß die Fortdauer des wirtschaftlichen Wachstums zu irgendeinem merklichen Kulturaufschwung führen werde. Nur in den ärmeren Ländern wagt man zu glauben, wirtschaftlicher Fortschritt führe zu kultureller Größe. Das Programm der Regierungspartei Mexikos spricht von den Anstrengungen des Landes, eine kulturelle Großmacht zu werden, »was das innerste Bestreben des mexikanischen Volkes ist und von jeher war«. In den wohlhabenden Ländern ist solcher Optimismus von Unsicherheit abgelöst worden. Sir Herbert Read schreibt: »Es wird [in der Mitte der achtziger Jahre] überall Licht geben, nur nicht im Gehirn des Menschen, und der Sturz der letzten Kultur wird im unaufhörlichen Getöse nicht gehört werden[63].«

Die für die Zukunft interessante Frage ist, ob die reichen Länder sich bereits in einer Phase befinden, in der der kulturelle Fortschritt sich nicht nur verlangsamt hat, sondern bereits von einem Niedergang abgelöst worden ist, der sich darin zeigt, daß die Menschen der Pflege von Geist und Seele immer weniger Zeit widmen. Sicher gibt es viele, die diese Frage verneinen würden. Gewöhnlich führen sie eine Vielzahl statistischer Gründe für ihre Meinung an. Aber zahlreiche dieser statistischen Angaben lassen sich leicht falsch auslegen. Zu warnen ist vor einer irreführenden Verwendung von Ausgabenziffern, die dartun sollen, daß wir in einer Blütezeit der Kultur leben. Derlei statistische Daten haben zwei Mängel. Zunächst einmal können sie nur den Umfang von Käufen verschiedener kulturbezogener Dinge angeben und sagen nichts aus über die Zeit, die ihrem Gebrauch gewidmet wird. Wie wir wissen, bedeuten Einkommenssteigerungen, daß im Durchschnitt die Ausgaben mehr steigen als die Verbrauchszeit. Die Einkommenselastizität von Gütern ist höher als die von Tätigkeiten. Deswegen sind statistische Angaben über Ausgaben ein irreführender Indikator. Daß der Umsatz von Klavieren und Schallplatten zugenommen hat, braucht nicht zu heißen, daß man sie auch mehr nutzt. Und ebenso kann der Umsatz von Büchern bei steigenden Einkommen steil ansteigen, ohne daß damit bewiesen wäre, daß wir mehr lesen.

In den letzten Jahrzehnten hat sich die Zahl der Buchveröffentlichungen beträchtlich erhöht. In den Vereinigten Staaten lag 1950 die Zahl neuer Titel (einschließlich Neuauflagen) bei 11 000. 1963 waren es bereits 19 000, und 1964 schnellte die Zahl auf 28 500 hoch. Das gleiche Bild finden wir, wenn wir uns die Zahl der verkauften Bücher ansehen. Sie lag in den USA 1954 bei 700 und 1963 bei 1150 Millionen. Selbst wenn man an der Qualität einiger Bücher zweifelt, die diesen bemerkenswerten Aufschwung gebracht haben, so ist die Zunahme dennoch eindrucksvoll. Aber sobald wir uns erinnern, daß uns eigentlich nicht interessiert, wie viele Bücher die Leute kaufen, sondern wie viele sie lesen, befällt uns eine gewisse Unsicherheit. Das Verhältnis zwischen gelesenen und gekauften Büchern hat sich höchstwahrscheinlich verschoben, und es kann sich durchaus dahingehend verändert haben, daß man heute weniger liest als früher. Wenn wir die Zahl der verkauften Bücher mit einer geschätzten Durchschnittszeit für das Lesen eines Buches multiplizieren, kommen wir zu unmöglichen Zahlen. Viele Leute müssen auf ihrem Regal Bücher stehen haben, die sie gekauft, aber nicht gelesen haben. Wenn die Bücher eine Zeitlang ungelesen auf dem Nachttisch gelegen haben, werden sie weggeräumt, teils um das eigene Gewissen zu beruhigen, teils um Platz zu schaffen für inzwischen neugekaufte Bücher. Die Freude am Bücherkauf liegt nicht sosehr im Lesen als darin, sie zur Hand zu haben. Man kauft Bücher, wie man Bilder kauft – um sie mal anzusehen.

Die Verwendung von Ausgabenstatistiken zur Ergründung der Zeit kultureller Aktivitäten birgt noch ein weiteres Risiko. Wie wir wissen, tritt auch innerhalb der Kulturzeit eine gewisse Neuverteilung auf. Am besten behaupten sich solche Betätigungen, die mit Gebrauchsgütern gekoppelt sind. Und gerade auf sie erstrecken sich die Angaben in den Ausgabestatistiken. Selbst wenn die Statistik ein zutreffendes Bild davon liefert, was mit der diesen Tätigkeiten gewidmeten Zeit geschieht – was nicht der Fall ist –, so würden sie doch die Entwicklung der Kulturzeit insgesamt verzerrt darstellen. Aus dem gleichen Grund würde zum Beispiel eine Messung der Entwicklung der Meditationszeit ein äußerst düsteres Bild ergeben. Die Zeit der Besinnung nähert sich wahrscheinlich dem Wert null, aber das besagt nicht, daß die Kulturzeit bereits ganz beseitigt worden wäre.

Trotz dieser beiden Schwierigkeiten werden die Ausgabenstatistiken als Materialgrundlage für die Behauptung benützt, wir hätten eine eindrucksvolle Zunahme des Interesses an kulturellen Dingen zu verzeichnen. Als Beispiel für die lässige Art, in der selbst namhafte Wissenschaftler ihre Schlußfolgerungen auf solche Statistiken stützen, können wir George Katona zitieren, der in »The Mass Consumption Society« schreibt:

Die Amerikaner kaufen technischen Kram statt Bücher – so hat man jahrzehntelang im neidischen Europa behauptet. Heute kaufen die Amerikaner sowohl technischen Kram als auch Bücher. Sie haben arbeitsparende Geräte, die ihnen mehr freie Zeit verschaffen, um Bücher zu lesen und Vorträge zu hören, Konzerte und Theateraufführungen zu besuchen und in Museen zu gehen. Die Verkaufsziffern von Paperback-Sachbüchern zeigten Ende der fünfziger und Anfang der sechziger Jahre eine proportional höhere Zunahme als die der meisten anderen Produkte, und die Aktien von Verlagen gelten an der New Yorker Börse als Wachstumspapiere. Je mehr Gebrauchsgüter die Leute besitzen, um so mehr geben sie für Bücher, Vorträge und Konzerte wie auch für Schulen und Krankenhäuser aus.
Wir sind zwar noch weit von einer echten Massenkultur entfernt. Noch immer gibt nur eine Minderheit der Familien mehr als einen winzigen Bruchteil ihres Einkommens für Bildungs- und kulturelle Bedürfnisse aus. Aber die Richtung, welche unsere Gesellschaft eingeschlagen hat, ist klar[64]

Ein Typus von Ausgabendaten gibt jedoch zutreffend die Zeit wieder, welche die Leute dem Genuß dessen widmen, was sie gekauft haben: statistische Angaben über den Kauf von Eintrittskarten für Bühnenaufführungen. Es ist unschwer denkbar, daß Bücher gekauft, aber nicht gelesen werden, aber es scheint doch ein Ausnahmefall, daß jemand Theaterkarten kauft, ohne davon Gebrauch zu machen. Diese Daten sind von den Verfechtern der Theorie einer Kulturblüte angeführt worden. Das Stanford Research Institute hat in einem Bericht darauf hingewiesen, daß die Verbraucherausgaben für künstlerische Zwecke von 1963 bis 1970 um 130 Prozent gestiegen sind. Diese seither häufig zitierte Feststellung gilt als sehr eindrucksvoll, weil der Anstieg doppelt so hoch ist wie bei den Ausgaben für alle Formen von Erholung und mehr als sechsmal höher als die Zunahme bei Kinokarten und Eintrittskarten für sportliche Ereignisse.
W. J. Baumol und W. G. Bowen haben in ihrem ausgezeichneten Buch »Performing Arts: The Economic Dilemma« diese Zahlenangaben gründlich unter die Lupe genommen. Sie stellten fest,

daß sich von 1932 bis 1963 die Einnahmen aus dem Kartenverkauf für künstlerische Veranstaltungen jährlich um 8,3 Prozent erhöht haben. Von 1961 bis 1963 betrug die Zunahme nur 4 Prozent pro Jahr. Dies ist, wie sie hervorheben, eine kaum sehr imposante Steigerung. Dabei muß außerdem noch berücksichtigt werden, daß diese Zahlen weder Preiserhöhungen noch der Bevölkerungszunahme Rechnung tragen. Berücksichtigen wir die Preissteigerungen, sinkt die Zunahme des gesamten Kartenverkaufsaufkommens in der Periode 1929–1963 von 240 auf 65 Prozent. Wenn wir dann die Gesamtausgaben für Eintrittskarten auf Pro-Kopf-Ausgaben umrechnen, fällt die Zunahme auf 8 Prozent für diese drei Jahrzehnte. »Interessant ist auch, daß die Realausgaben pro Kopf, nachdem sie während der Weltwirtschaftskrise stark zurückgegangen waren, den Stand von 1929 erst wieder im Jahr 1960 erreichten.«

Diese Kritik an der Verwendung statistischer Daten zur Stützung der These von einer Kulturblüte soll allerdings nicht besagen, daß es heute mit sämtlichen kulturellen Aktivitäten bergab ginge. Im Gegenteil. Geschmacksveränderungen können durchaus dazu führen, daß zumindest einigen Betätigungen mehr Zeit gewidmet wird. Ja, man kann sogar Beispiele für kulturelle Beschäftigungen finden, die an Umfang zugenommen zu haben scheinen. Die künstlerische Aktivität von Amateuren beispielsweise erlebt gegenwärtig in den Vereinigten Staaten geradezu eine Hausse. Die Zahl von – zumeist nicht aus Berufsmusikern bestehenden – Orchestern in Orten mit weniger als 100 000 Einwohnern ist von etwa 600 im Jahr 1950 auf über 1000 im Jahr 1965 gestiegen. Den gleichen Eindruck gewinnt man, wenn man die zahlenmäßige Entwicklung bei Amateurmalern und Amateurtheater- und Operngruppen verfolgt. Anscheinend gibt es eine ansehnliche Zahl von Wochenendwalküren. Von den heute rund 750 Gruppen, die in Amerika Opern aufführen, bestehen nur 35 bis 40 allein aus Berufsmusikern und -sängern. Auch Statistiken über den Museumsbesuch zeigen eine bemerkenswerte Zunahme. Von 1952 bis 1962 stieg die Zahl der Museumsbesucher um weit über 100 Prozent.

Dies ist eine spektakuläre Entwicklung, die man nicht zu gering einschätzen sollte. In ihr spiegelt sich eine beträchtliche Ausweitung der Aktivität auf bestimmten Gebieten, wenn auch die Zahlen wahrscheinlich in einem gewissen Maß durch verbesserte statistische Erfassung und allzu überschwengliche Berichte hochgetrieben wurden. Trotzdem darf man wohl von einer Aktivitätssteigerung sprechen, auch wenn wir berücksichtigen, daß die Zahlen nichts über das zeitliche Volumen aussagen, das tatsächlich der Amateurmalerei usw. gewidmet wird. Erfaßt wird nur die Zahl der Menschen, die angeben, sich als Amateure mit der Malerei zu beschäftigen, ohne genauere Angabe über die Zeit, in der sie sich dieser Beschäftigung widmen. Ein Anstieg dieser Zahlen ist vielleicht zu erwarten. Bei einer bestimmten Einkommenshöhe fängt etwa jemand zu malen an und erscheint dann in der Statistik als Amateurmaler. Bei weiterem Einkommensanstieg kommen neue Beschäftigungen hinzu, und er widmet der Malerei nun vielleicht weniger Zeit. Trotzdem wird er weiterhin als Amateurmaler geführt. Auf diese Weise steigen die Zahlen, ohne daß sich deswegen die Gesamtzeit erhöhen müßte.

Trotz solcher statistischen Ergebnisse scheint es angebracht, der angeblichen Kulturblüte gegenüber Skepsis zu bewahren. Soziologen, die den Versuch gemacht haben, ihre Beobachtungen aus dem täglichen Leben zu interpretieren, sind anscheinend zu Folgerungen gelangt, die eher unserer apriorischen These entsprechen. In Crestwood Heights herrscht kein regsames Kulturleben. Und auch der »Organization Man« hat sich, Whyte zufolge, nicht von der Arbeit und materiellem Konsum frei machen können.

Die meisten der Befragten waren sich bewußt, daß sie außerhalb ihres Fachgebiets nicht genug gute Bücher läsen, und einige leitende Angestellte machten sich in diesem Punkt schwere Vorwürfe.

Aber wo, so fragt der leitende Angestellte, soll er die Zeit finden? So gerne er mehr Bücher über Geschichte lesen oder sich Stücke ansehen würde, findet er doch, es liege zu sehr abseits, sei zu unwesentlich für seine berufliche Laufbahn, als daß es den Zeitaufwand rechtfertigte. In diesem Punkt läßt sich einiges gegen seine Beurteilung sagen, aber das ist eine andere Sache. Tatsache ist, daß er nicht viel Zusammenhang sieht, und so wird er, genau wie bei dem schon so lange aufgeschobenen Plan, mit seinen Jungen ein Boot zu bauen, beim Vorsatz und bei der Hoffnung bleiben, daß er doch noch zum Lesen kommen werde. Irgendwann einmal.

Noch ein paar Worte über die Religion

Wie steht es mit der Zeit, die religiösen Beschäftigungen gewidmet wird – einer wichtigen Form der geistigen Kultivierung? In den Vereinigten Staaten, wenn nicht in Europa, ist eine neue Welle religiösen Interesses zu verzeichnen. Dies müßte eigentlich bedeuten, daß religiöse Aktivitäten sich im Wettbewerb um die Zeit erfolgreich behaupten – während doch das Gegenteil zu erwarten wäre, da niedrige Güterintensität charakteristisch für geistige Bestrebungen ist. Die Erklärung dafür kann natürlich in einem Umschwung des allgemeinen Interesses liegen – daß die Aufmerksamkeit der Menschen in stetig zunehmendem Maße von religiösen Dingen angezogen worden ist. Möglich ist auch, daß die statistischen Zahlen hinter solchen Behauptungen von einer religiösen Erweckung übertrieben sind. Sie könnten auf reines Wunschdenken jener zurückzuführen sein, welche die Berichte kompiliert haben. Eine Untersuchung von Charles Y. Glock und Rodney Stark scheint tatsächlich dafür zu sprechen[65].

In der Praxis scheint es, als hätte der zunehmende Zeitdruck auch das religiöse Leben nicht verschont. W. W. Schroeder und V. Obenhaus[66] haben beispielsweise festgestellt, daß Gemeindeveranstaltungen wie Vorträge und Wohltätigkeitsbasars stark zurückgegangen sind. Aber selbst bei mehr sakralen Dingen sind Veränderungen festzustellen. Gary Becker führt aus: »Das reformierte Judentum in den Vereinigten Staaten hat weniger religiöse Feiertage und viel kürzere und weniger häufige Gottesdienste als die traditionsbewußteren Orthodoxen.« In Schweden hat anscheinend die durchschnittliche Dauer der Predigten abgenommen. In der Stockholmer Morgenzeitung, in der alle Predigten angekündigt werden, werden die Aufforderungen zum Kirchenbesuch in Inseratenform gebracht. Mindestens einmal wurde hervorgehoben, die Predigten seien »von vernünftiger Länge« und damit »auf den modernen Menschen zugeschnitten«. Zum Abschluß folgt gewöhnlich die Mahnung: »Du bist dir den sonntäglichen Kirchgang schuldig*.«

Der akute Zeitdruck hat sogar – wenn nicht in Schweden, so doch in Kanada – dazu geführt, daß der Priester die Liturgie kürzte. Hier ein Zitat aus »Crestwood Heights«:

Bemerkenswert ist das besondere Tempo, das in nichtfamiliären Institutionen um sich greift. Das starre Schema der Mahlzeiten in den »serviceclubs« ist wohlbekannt ... Die gleiche Betonung der Präzision, überschattet von einer allgemeinen Atmosphäre der Hast, ist in den modernen Gemeinden der Kirchen rings um Crestwood Heights zu bemerken.

* Der Zeitdruck hat sich wahrscheinlich auch auf die Dauer politischer Reden ausgewirkt. Nur in armen Ländern wie Kuba ist es denkbar, daß das Staatsoberhaupt stundenlange Ansprachen hält. Wahlreden mußten früher lang sein, wenn sie Eindruck machen sollten; heute sind sie auf ein paar markige Forderungen nach Reformen zusammengeschrumpft.

Die Analyse wird durch Beobachtungen bei verschiedenen Kirchenbesuchen untermauert:

Kaum war das letzte Gebet gesprochen, stand alles auf und schien in großer Eile, die Kirche zu verlassen, und da die Dame neben mir offensichtlich rasch an mir vorbeikommen wollte, hatte ich wenig Zeit, mich umzusehen. Auch vor der Kirche bemerkte ich, daß die Leute kaum verweilten oder sich unterhielten. Alle schienen gleich zu ihren Autos zu eilen, um wegzufahren.

Damit der Gottesdienst nicht länger als üblich dauerte (trotz der besonderen Zeremonie und des verspäteten Beginns), erklärte der Pfarrer, daß das »Venite« und das »Benedictus« nicht mehr gesungen würden.

Und bei einer anderen Gelegenheit:

Die Lieder, die Lesungen, ja der ganze Gottesdienst wurden sehr rasch absolviert, und alles schien streng auf eine Stunde Dauer begrenzt. Beim Hinausgehen verabschiedete sich niemand[67].

9 Sparen und Zeitverteilung

Geld kannst du vertun.
Es stellt sich wieder ein.
In der Börse laß es ruhn,
So bleibt es dein.
Doch leider, ach, die Zeit,
Wenn sie erst entschwunden,
Stellt sich nie mehr ein.
Kein Schloß, kein Siegel
Und auch kein Riegel
Schließt sie ein.

       J. O. Wallin[68]

Eine Annahme weniger

Nicht immer verbraucht jemand sein Arbeitseinkommen. Spart er einen bestimmten Teil davon oder zahlt er Zins für früher aufgenommenes Geld, dann ist sein Verbrauch geringer als sein Einkommen. Wenn er über Kapitaleinkommen verfügt oder von seinem Kapital zehrt, dann ist sein Verbrauch höher als sein Arbeitseinkommen. Wenn der Verbrauch auf diese Weise vom verdienten Einkommen differiert, dann wird die Zeitverteilung eine andere sein als unter der bisherigen Annahme, daß alles Einkommen verdientes Einkommen ist und vollständig verbraucht wird.

Nur um die Hauptprinzipien der Zeitverteilung zu verstehen, ist es vielleicht nicht notwendig, diese Umstände zu berücksichtigen. Trotzdem lohnt sich die Mühe, diese Komplikationen in die Erörterung einzubeziehen. Wir stellen nämlich fest, daß sich die Zeitverteilung nicht nur passiv dem Sparen anpaßt, sondern auch – und dies ist sehr bedeutsam –, daß das Sparen aktiv als Mittel benützt wird, um die Zeitverteilung zwischen verschiedenen Perioden zu beeinflussen. Zwar kann man ja Zeit nicht akkumulieren, wie man Geld ansammelt, aber durch Sparen läßt sich doch wenigstens eine gewisse intertemporale Umverteilung in der Nutzung der Zeit erreichen.

Steuern und staatliche Finanzhilfen führen ebenfalls dazu, daß der Verbrauch vom verdienten Einkommen abweicht, und dies berührt auch die Zeitverteilung. Die auffallendste Folge ist die, daß die Besteuerung den Spezialisierungsgrad mindert, das heißt Arbeitszeit wird zugunsten verschiedener Arten persönlich bezogener Arbeit reduziert (solange dieser Arbeitstyp nicht besteuert wird). In der Wirtschaftstheorie, die grob zwischen Arbeitszeit und Freizeit unterscheidet, wird diese Veränderung in der Zeitnutzung verdeckt. Die Eingriffe der öffentlichen Hand bewirken eine passive Anpassung in der Zeitnutzung. Im Gegensatz zu Ersparnissen werden Steuern nicht als Mittel zur Änderung der Zeitverteilung benutzt. Dies macht die Auswirkungen der Besteuerung weniger interessant, und wir wollen deshalb unsere Aufmerksamkeit dem Wechselspiel zwischen Ersparnissen und Zeitverteilung zuwenden.

Die Wechselwirkung zwischen Sparen und Zeitverteilung

Gespart wird natürlich aus allen möglichen Gründen. Vielleicht will man seine Familie nach seinem Tod versorgt wissen. Vielleicht spart man, um den Kindern eine gute Erziehung zu gewähren. Vielleicht spart man nur aus einer allgemeinen Vorsicht. Oder man will durch das Sparen und das Aufzehren von Vermögenswerten eine Verbrauchsstruktur erreichen, die sich von der Einkommensentwicklung abhebt.

Unabhängig von den Beweggründen bewirken das Sparen und das Aufzehren von Vermögenswerten, daß der Verbrauch vom Arbeitseinkommen differiert. Dadurch wird auch die Zeitverteilung berührt. Eine viel wichtigere Möglichkeit ist aber, daß die Sparneigung in zusammenhängenden Entscheidungen über die Zeitverteilung bestimmt wird. Wenn dies der Fall ist, könnte man durch die Anwendung der in dieser Studie dargelegten Argumentation die Sparmotive besser verstehen und Einblicke in den Sparprozeß gewinnen.

Es läßt sich zeigen, daß tatsächlich eine solche Wechselbeziehung zwischen Sparen und Zeitverteilung besteht. Wir bemerkten sie zum erstenmal, als wir Entscheidungen innerhalb des Haushalts erörterten und feststellten, daß die Übernahme von Ausgabenschemata eine weitverbreitete Methode der Zeitersparnis ist. Die Leute nehmen beim Geldausgeben Gewohnheiten an, statt sich bei jeder Gelegenheit sämtliche Möglichkeiten zu überlegen. Außerdem ist ein bestimmtes Verbrauchsmuster von einer bestimmten Lebensform begleitet, die sich in den Zeitmengen ausdrückt, welche jemand seinen verschiedenen Verbrauchsgütern zuteilt. Beide Arten von Gewohnheiten dämpfen die Ausgabenreaktion auf Veränderungen der Umgebung, einschließlich Veränderungen des Einkommens und Vermögens. Verbraucher pflegen auf solche Veränderungen mit einer gewissen Verzögerung zu reagieren. Diese Verzögerungen führen, je nachdem, zum Sparen oder Aufzehren von Vermögenswerten. Das Sparen wird residual. Dies ist eine Möglichkeit, das Wechselspiel zwischen Zeitverteilung und Spartätigkeit zu betrachten. Es gibt jedoch einen zweiten Mechanismus, und der ist ungleich wichtiger. Dieser Mechanismus hängt zusammen mit den Vorteilen einer langfristigen Stabilität in den Verhältnissen zwischen Verbrauchsgütern und Verbrauchszeit.

Eine Spartheorie

Überlegungen darüber, welche effektive Kombination von »Genußzeit« und Verbrauchsgütern zur Erzeugung von Wohlbefinden notwendig ist, bilden die Grundlage für eine neue Spartheorie, die hier vorgelegt werden soll. Wir wollen annehmen, jemand möchte immer materiell möglichst viel vom Leben haben, und es ist ihm gleichgültig, wann er in seiner Lebensspanne konsumiert. Dann wird er, wenn er zeitlebens eine konstante Zahl von Stunden zum Genießen zur Verfügung hat, aus Gründen der Effizienz ein konstantes Verbrauchsniveau einhalten. Das Sparen und das Aufzehren von Vermögenswerten werden dazu verwendet, bei Einkommensveränderungen den Verbrauch auszugleichen. Er würde den Gesamtnutzen nicht maximieren, wenn das Verhältnis zwischen den zwei aufgewendeten Faktoren – Güter und Zeit – nicht konstant gehalten würde*. In dieser Hinsicht ist seine Situation die gleiche wie die jedes Produzenten. Wenn ein Hersteller innerhalb einer Periode die Produktion maximieren will und während dieses Zeitraums eine konstante Zahl von Arbeitskräften zur Verfügung hat, wäre es unrationell, die verfügbaren Kapitalmittel nicht gleichmäßig über diese Periode zu verteilen.

---

* Genauer ausgedrückt, der Verbrauch *zu Genußzwecken* sollte konstant gehalten werden. Wenn wir annehmen, daß der *Unterhalts*-Verbrauch proportional zum Verbrauch für Genußzwecke ist, gilt die hier dargelegte Analyse. Es kann jedoch Schwankungen in den Unterhaltskosten geben. Am typischsten ist, daß medizinische Ausgaben – Körper-»Unterhalt« – sich verändern können. Ähnlich können die Kosten für den Unterhalt anderer langlebiger Güter unberechenbar schwanken. Außerdem: der Verbrauch, nicht die Verbrauchsausgaben sollten konstant sein. Ein Teil der Verbrauchsausgaben – Käufe langlebiger Güter – kann schwanken. In einer umfangreicheren Untersuchung würden alle diese Komplikationen zu erörtern sein.

Es muß jedoch nicht so sein, daß jemand über Jahre hinweg über eine konstante Zahl von Stunden für Verbrauchszwecke verfügt. In diesem Fall sieht ein effizientes Sparverhalten anders aus. Will der Betreffende jedes Jahr den gleichen Nutzen erzielen, so muß er nun seinen Verbrauch in entgegengesetzter Richtung zu den Veränderungen in der Verbrauchszeit variieren. Der Umfang dieser Variationen hängt von der Möglichkeit ab, im Verbrauch Güter durch Zeit zu ersetzen.

Man könnte natürlich fragen, warum die Zeit für Verbrauchszwecke sich ändern würde. Um die Proportionen der Faktoren stabil zu halten, würde es doch am wirkungsvollsten scheinen, wenn es zu keinen solchen Variationen im Laufe der Jahre käme. Dies wäre auch der Fall, wenn es in der Verdienstkapazität keine Veränderungen gäbe. In einem Lebensabschnitt mit relativ niedriger Verdienstkapazität ist es vorteilhafter, weniger zu arbeiten, als wenn sie hoch ist. Mit zunehmendem Alter sinkt die Verdienstkapazität gewöhnlich; wenn die Kräfte nachlassen, geht man in Pension. Will jemand nicht nach dem Ausscheiden aus dem Erwerbsleben einen höheren Lebensstandard genießen als während seines Berufslebens, sollte er in seiner aktiven Zeit einen höheren Konsum pflegen, um die dafür verfügbare kürzere Zeit auszugleichen*. Aber auch im Erwerbsleben treten Veränderungen in der Verdienstkapazität auf. Ist diese relativ hoch, so lohnt es sich, die Genußzeit unter den Durchschnitt zu senken, um Geld für die Zukunft zurückzulegen**. Um aber in dieser Periode den Lebensstandard nicht unter den Durchschnitt sinken zu lassen, muß vermehrter Konsum den Rückgang der Genußzeit ausgleichen. In diesem Zusammenhang ist es interessant, daß sich eine dauerhafte Zunahme der Verdienstkapazität auf die Arbeitsanstrengung anders auswirkt als eine nur vorübergehende. Eine Steigerung von Dauer kann, wie wir in Kapitel 3 festgestellt haben, durchaus die Arbeitsanstrengung verringern, während sie eine zeitweilige Zunahme wegen der Sparmöglichkeit erhöht. Dieser Unterschied wird, so scheint es, bei wirtschaftswissenschaftlichen Erörterungen über die Wirkung von Veränderungen des Lohnniveaus auf die Arbeitsanstrengung nicht ausreichend berücksichtigt. In der Wirtschaftstheorie werden nur die Auswirkungen

---

* Dieses Anpassungsproblem wird kompliziert durch Faktoren wie die wahrscheinlich abnehmende Fähigkeit, Verbrauchsgüter zu konsumieren, und das wachsende Bedürfnis nach Mitteln, die nicht dem Genuß, sondern dem Unterhalt eines bestimmten Gebrauchsgutes – des alternden Körpers – dienen.
** Dies ist ein weiterer Grund, warum Leute mit höherem Einkommen oft länger arbeiten als Durchschnittsverdiener.

dauerhafter Einkommensveränderungen auf die Arbeitsanstrengung analysiert. Die vorübergehenden sind jedoch ebenso wichtig.

Wie wir also sehen, kann es irreführen, wenn man immer davon spricht, daß das Sparen vom Einkommen abhängt. Das Einkommen selbst wird als ein Teil der gesamten Zeitverteilung bestimmt. Arbeitszeit, Verbrauchszeit und Sparen werden zugleich als Mittel bestimmt, die Zeitverteilung im Ablauf der Jahre zu verändern. Es ist sicher irrig, Einkommen und Arbeitszeit als vorausbestimmt zu behandeln und dann zu untersuchen, welcher Bruchteil dieses Einkommens gespart wird. Zumindest werden dabei wichtige Schritte in der Analyse ausgelassen.

Um diese Gedanken weiter auszuführen, wollen wir annehmen, daß jemand seine Zeit gleichmäßig in eine bestimmte Zahl von Stunden für Arbeit, Unterhalt und Verbrauch aufgeteilt hat. Wenn er nun beschließt, einen bestimmten Teil seines Einkommens zu sparen, dann stellt die bisherige Zeitverteilung kein Gleichgewicht mehr dar. Ein gewisses Quantum Zeit »hängt in der Luft«. Diese Zeit wäre durch den Verbrauch der Güter absorbiert worden, die das gesparte Geld eingebracht hätte. Wir können es auch so ausdrücken, daß die Güterintensität der verfügbaren Genußzeit gesunken und damit unter den bisherigen Gleichgewichtszustand reduziert worden ist. Zum Teil wird die verfügbare Genußzeit in irgendeiner Weise neu verteilt, wodurch die Güterintensität der verbleibenden Stunden verstärkt wird. Ein Teil der Zeit wird für Arbeit verwendet; damit erhöht sich das Einkommen. Von diesem höheren Einkommen wird ein bestimmter Teil gespart. Dadurch wird wiederum ein gewisses Quantum Zeit freigesetzt – und so weiter, bis sich der Prozeß einem neuen Gleichgewicht der Zeitverteilung annähert. In dieser Gleichgewichtssituation ist das Sparen keine Funktion des Einkommens: Einkommen und Sparen werden in einem Prozeß der Zeitverteilung gleichzeitig bestimmt. In gleicher Weise können wir die Wirkungen von – vorübergehenden wie dauerhaften – Einkommensveränderungen auf Zeitverteilung und Sparen untersuchen.

Daß Arbeitszeit, Einkommen und Spartätigkeit gleichzeitig bestimmt werden, bedeutet natürlich nicht, daß es nicht aus mehreren Gründen sehr interessant sein könnte festzustellen, was vom tatsächlichen Einkommen gespart wird. Wenn wir dies statistisch zu errechnen versuchen, werten wir Ersparnisse als einen Bruchteil des Einkommens im Gleichgewicht. Dennoch ist es wesentlich, nicht die Tatsache aus dem Auge zu verlieren, daß Einkommen und Sparen gleichzeitig bestimmt werden.

Man könnte natürlich geltend machen, daß das Einkommen in Wirklichkeit unabhängig bestimmt wird, da es auf den ersten Blick scheint, als fiele es den meisten Leuten schwer, ihre Arbeitszeit variabel zu gestalten. Dies trifft aber kaum zu. Selbst wenn wir nur an bezahlte Arbeitsstunden denken, besteht eine beträchtliche Flexibilität, zumindest wenn der Arbeitsmarkt nicht an Unterbeschäftigung leidet. Überstunden, Schwarzarbeit und die Erwerbstätigkeit der Ehefrauen bieten Gelegenheiten zu Einkommensanpassungen, je nach der individuellen Gleichgewichtsformel. Aber Einkommen und Ausgaben lassen sich auch durch Veränderungen in der Zahl der Unterhaltsleistungen variieren. Durch die Steigerung solcher häuslicher Produktion läßt sich beim Konsum wie bei den Ersparnissen ein höherer Stand erreichen, als wenn nur das Arbeitseinkommen verfügbar wäre.

Es darf nicht übersehen werden, daß unsere Feststellungen über das Sparen und die Zeitverteilung Kriterien eines rationellen Verhaltens sind und nicht unbedingt für das tatsächliche Verhalten gelten. Es mag zwar von Vorteil sein, über Jahre hinweg Verbrauchsgüter und Genußzeit in bestimmten Verhältnissen zu kombinieren. Aber unsere Erörterung über Entscheidungen im Haushalt dürfte klargemacht haben, daß ein solches Rationalitäts-Kriterium auf der Annahme vollständigen Wissens und kostenfreier Information fußt. In Wirklichkeit ist die Situation anders. Wir müssen damit rechnen, daß die Menschen nicht systematisch versuchen, ihren künftigen Verdienst zu schätzen. Weithin beurteilt man die Lage in der Zukunft nach dem gegenwärtigen Einkommen. In diesem Fall weicht das tatsächliche Verhalten vom rationellen Verhalten bei vollständigem Wissen ab. In bestimmten Situationen aber betrachtet man offensichtlich Einkommensveränderungen als nur temporär. Dann verändern sich Sparen und Konsum nur, um den Rückgang des Nutzens auszugleichen, der sonst infolge der kürzeren Verbrauchszeit einträte, wenn die Arbeitszeit wegen verbesserter temporärer Verdienstkapazität zunimmt. Ebenso ist es wahrscheinlich, daß einzelne zumindest versuchen werden, ihre künftige Situation abzuschätzen und ihren Verbrauch nach dieser Einschätzung zu richten, wobei sie sich des Sparens und des Aufzehrens von Vermögenswerten bedienen.

Wie bereits einleitend bemerkt, läßt sich eine Vielzahl von Sparmotiven unterscheiden. In der wirtschaftswissenschaftlichen Literatur wurde ausführlich diskutiert, was das Sparverhalten bestimmt. Es würde zu weit führen, diese Literatur hier näher zu behandeln. Da aber bislang keine Übereinstimmung erreicht wurde, ist es vielleicht interessant, die wichtigsten Hypothesen näher zu betrachten. Damit soll festgestellt werden, ob die Betrachtungsweise von der Zeitverteilung her irgendeinen Einfluß auf die relative Stellung dieser rivalisierenden Theorien hat.

Um die Sparneigung benennen zu können, wird das Sparen als ein Bruchteil des Einkommens ausgedrückt. Die Größe dieses Anteils hängt, so darf man vermuten, von vielen Faktoren soziologischen oder psychologischen Charakters ab, unter denen gewöhnlich das Einkommen selbst als das entscheidende Element gilt. Individuelle und gruppenbedingte Unterschiede werden nicht berücksichtigt, soweit sie sich nicht im Einkommen selbst niederschlagen. Somit hängt der gesparte Teil des gegenwärtigen Einkommens – so wird argumentiert – vom Einkommen ab. Leider versteht man aber unter diesem Einkommen, das die Sparneigung bestimmen soll, nicht immer das gleiche. Wir können drei Betrachtungsweisen unterscheiden.

a) Die absolute Einkommenshypothese: Dieser Hypothese zufolge hängt der vom gegenwärtigen Einkommen gesparte Teil vom gegenwärtigen Einkommen ab. Mit steigendem Einkommen wächst die Fähigkeit, verschiedene Sparmotive zu befriedigen, überproportional zum Einkommensanstieg.

b) Die relative Einkommenshypothese: In ihrer ursprünglichen Fassung besagt diese Hypothese, der gesparte Einkommensanteil sei abhängig vom gegenwärtigen Einkommen im Verhältnis zum Durchschnittseinkommen in der Gesellschaft. Je günstiger das Verhältnis des eigenen Einkommens zum Durchschnittseinkommen ist, um so höher wird der gesparte Anteil sein. Entscheidend ist die relative Position des einzelnen auf der Einkommensskala. Diese Vorstellung beruht auf dem Gedanken, daß sich die Leute anpassen wollen. Sie möchten mit den Meiers von nebenan Schritt halten, sie aber nicht ausstechen.

Auf dieses Argument gestützt, kann man der Hypothese eine leicht abgewandelte Gestalt geben. Wenn Leute es ihren Nachbarn gleichtun und ebenfalls ihren Lebensstandard erhöhen wollen, werden sie wohl bei steigendem Einkommen ihren Verbrauch steigern und nicht ohne weiteres bereit sein, ihn zu senken, wenn das Einkommen sinkt. Dann wird der Verbrauch vom gegenwärtigen Einkommen im Verhältnis zum bisher höchsten Einkommensniveau – oder, wie ebenfalls behauptet wurde, vom bisher höchsten Verbrauchsniveau – bestimmt.

c) Die Hypothesen vom permanenten Einkommen und vom Lebenszyklus-Einkommen: Diese im Ansatz fast identischen Hypothesen sind auf einem Unterschied zwischen »permanentem« und »transitorischem« Einkommen aufgebaut. Permanentes Einkommen ist das für die ganze Lebenszeit oder für jede kürzere Planungsperiode erwartete Einkommen. Ähnlich wird der Verbrauch in eine permanente und eine transitorische, vorübergehende, Komponente aufgeteilt. Letztere besteht aus unvorhergesehenen Ausgaben (ungewohnt hohen Arztrechnungen) oder Ausgaben, die geringer als erwartet ausfallen (durch warmes Wetter verminderte Heizkosten). Der permanente Verbrauch – so wird argumentiert – richtet sich nach dem permanenten Einkommen; die transitorischen Elemente stehen in keiner wechselseitigen Beziehung und gleichen die zusätzliche Zeit aus. Ist das transitorische Einkommen positiv und nicht voll durch transitorischen Verbrauch ausgeglichen, wird gespart – und umgekehrt. Die Leute versuchen eine bevorzugte Verbrauchsstruktur zu erreichen, die von der tatsächlichen Einkommensstruktur differiert.

Die rivalisierenden Spartheorien sollen vor allem folgende empirische Tatsache erklären: Einerseits ergeben Querschnittsuntersuchungen bei Haushalten, daß anscheinend der Sparanteil um so höher liegt, je höher das festgestellte Einkommen ist, während andererseits aus Zeitreihenuntersuchungen hervorgeht, daß sich der gesparte Einkommensanteil mit steigendem Durchschnittseinkommen nicht erhöht. Eine absolute Einkommenstheorie allein kann diesen scheinbaren Widerspruch nicht aufklären. Man hat jedoch versucht, die Theorie durch die Einführung anderer Faktoren zu stützen, die erklären könnten, warum die Sparquote nicht mit den Einkommen gestiegen ist. Die relative Einkommenstheorie dagegen vermag zu zeigen, daß in den Ergebnissen von Querschnitts- und Zeitreihenstudien vielleicht kein Widerspruch liegt. Auf lange Sicht steigt das Normaleinkommen, nach dem sich die Bezieher hoher und niedriger Einkommen in jedem Zeitabschnitt richten. Auch die Lebenszyklus- und die permanente Einkommenshypothese können zeigen, daß es keinen Widerspruch gibt. In Querschnittsuntersuchungen sind die Fälle niedrigen Einkommens stark mit negativen transitorischen Einkünften belastet. Die Sparraten sind infolgedessen niedrig. Ähnlich sind Fälle hohen Einkommens mit positiven transitorischen Einkünften verbunden. Infolgedessen sind die Sparraten hoch. In der Zeitserie sind die permanenten Einkommen gestiegen. Damit hat auch der Verbrauch zugenommen, wobei der Sparanteil konstant geblieben ist.

Die Vielzahl konkurrierender Hypothesen bedeutet, daß die bisher durchgeführten empirischen Untersuchungen kein schlüssiges Ergebnis geliefert haben. Es wäre interessant, wenn die hier a priori vorgetragenen Thesen über die Rolle des Sparens in Beziehung zur Zeit die Unsicherheit etwas vermindern könnten. Die folgenden Bemerkungen, die auch als Zusammenfassung dienen können, scheinen dies zu ermöglichen.

1. Die Implikationen der Zeitverteilungstheorie für das Verbraucherverhalten stützen a priori die Lebenszyklus-Einkommens-Hypothese. Bei Einkommensschwankungen ist es für den Verbraucher angebracht, die Gelegenheit zum Sparen zu nützen, um den Konsum auszugleichen.

2. Das Einkommen wird jedoch innerhalb einer Gesamt-Zeitverteilung in Arbeits- und Verbrauchszeit bestimmt. Somit werden sich sowohl Einkommen wie Verbrauchszeit voraussichtlich über die Jahre verändern. Veränderungen in der Verfügbarkeit von Verbrauchszeit dürften Auswirkungen darauf haben, welcher Anteil des gesamten Lebenseinkommens in einem bestimmten Zeitabschnitt verbraucht wird. Da innerhalb des ganzen Lebenszyklus die Verfügbarkeit von Verbrauchszeit im umgekehrten Verhältnis zur Arbeitszeit und damit wahrscheinlich zum gegenwärtigen Einkommen steht, neigt der in einer bestimmten Periode verbrauchte Anteil des Lebenseinkommens dazu, mit dem augenblicklichen Einkommen zu schwanken. Die permanente Einkommenshypothese geht an der Tatsache vorbei, daß viele Veränderungen im transitorischen Einkommen – freilich nicht alle (beispielsweise Lotteriegewinne) – auf nicht-permanente Veränderungen in der Verdienstkapazität zurückgehen, die sich auf die Zeitverteilung auswirken und damit das Sparen beeinflussen. Diese Zusammenhänge stützen in gewissem Maß die Voraussagen, wenn auch nicht die Argumente der absoluten Einkommenshypothese.

3. Diese Behauptungen über die Kombination von Gütern und Zeit über die Jahre hinweg müssen als überholt angesehen werden. Rationelles Verbraucherverhalten macht Sparen und das Auf-

zehren von Vermögenswerten notwendig. In der Realität treten bestimmte Informationskosten auf. Wie wir von der Erörterung der Entscheidungen im Haushalt wissen, handelt man jedoch in solchen Situationen nach groben Faustregeln, da die hohen Kosten für die Informationsbeschaffung dies rationell machen. Man muß davon ausgehen, daß dies das Sparverhalten beeinflußt.

4. Wesentliche Merkmale der Entscheidungsbildung sind Ausgabenschematisierung und Konsumgewohnheiten. Es ist daher zu erwarten, daß der Verbrauch auf Einkommens- und Vermögensveränderungen mit einer zeitlichen Verzögerung reagiert. Dies kann zu jenem Verbraucherverhalten führen, wie es die relative Einkommenshypothese skizziert.

5. Eine andere Faustregel besteht darin, kürzlich gewonnene Erfahrungen der Bemessung des permanenten Einkommens zugrunde zu legen. In diesem Fall ließe sich die permanente Einkommenshypothese so modifizieren, daß man einen kürzeren Zeitraum als den ganzen Lebenszyklus als Planungsperiode nimmt. Wird aber diese Periode zu kurz gewählt – so daß man das augenblickliche Einkommen als Indiz für das permanente nimmt –, so führt dieser Ansatz zur absoluten Einkommenshypothese zurück.

Wie diese Punkte vielleicht erkennen lassen, ist es unter gewissen Umständen möglich, den rivalisierenden Spartheorien eine einheitliche Auslegung innerhalb einer Faktor-Proportionen-Theorie des Sparens zu geben – einer Theorie, die auf den Gedanken über die Zeitverteilung basiert.

10 Hat unser Verbrauch eine Grenze?

Deshalb sehe ich erwartungsvoll
in nicht sehr ferner Zukunft die größte Veränderung
in der materiellen Lebenswelt des Menschen
schlechthin eintreten.

J. M. Keynes[69]

Wird das Einkommensniveau steigen?

In den ersten neun Kapiteln haben wir angenommen, daß das Produktivitätsniveau weiterhin stetig steigen wird. Dann versuchten wir zu untersuchen, welche Veränderungen in der Zeitnutzung die daraus entstehende Zeitknappheit hervorrufen würde. Wir können jedoch nicht als sicher voraussetzen, daß das Produktivitätsniveau tatsächlich weiterhin steigen wird. Insbesondere müssen wir uns fragen, ob unsere bisherigen Schlußfolgerungen nicht die Annahme beinhalten, daß das Pro-Kopf-Einkommen nicht weiter steigt.

Die Frage, ob dem Einkommen und dem Verbrauch eine bestimmte unüberschreitbare Grenze gesetzt ist, ist sehr alt und heftig umstritten. Die Auseinandersetzung bewegt sich um zwei Gründe, aus denen Verbrauchssteigerungen möglicherweise begrenzt sind. Wir können unterscheiden zwischen einem erzwungenen und einem freiwilligen Verbrauchsmaximum, je nachdem, welche Art wirtschaftlichen Spielraums erschöpft ist.

Erzwungenes Verbrauchsmaximum

Ein erzwungenes Verbrauchsmaximum würde eintreten, wenn der technische Fortschritt zum Stillstand käme. Weitere Investitionen würden dann die verfügbaren Investitionsmöglichkeiten erschöpfen. Die Produktivität zusätzlicher Kapitalansammlung würde schließlich den Wert Null erreichen, und man würde nur noch reinvestieren. Unter diesen Umständen könnten Einkommen und Verbrauch nicht weiter steigen.

Bei einem gewissen Bevölkerungswachstum könnte natürlich

Raum für eine gewisse Investitionstätigkeit vorhanden sein, selbst wenn es keinen technischen Fortschritt gibt. Sie könnte aber Einkommen und Verbrauch pro Kopf nicht erhöhen. Sie würde lediglich ermöglichen, die neuen Arbeitskräfte mit Kapitalgütern auszustatten, so daß auch sie den gleichen Lebensstandard erreichen könnten. Wenn per saldo die natürlichen Hilfsquellen ausgeschöpft werden, muß ein gewisses Maß technischen Fortschritts und lohnender Investitionen vorhanden sein, damit Einkommen und Verbrauch nicht sinken. Wenn hingegen neue Entdeckungen die Ausbeutung bekannter Hilfsquellen mehr als ausgleichen, gilt natürlich das Gegenteil.

Die Zukunft des technischen Fortschritts bleibt weitgehend Mutmaßungen überlassen. Die Klassiker der Nationalökonomie vertraten die Auffassung, die Technik werde schließlich an eine Grenze stoßen, und neigten daher zu der Ansicht, daß es zu einem erzwungenen Verbrauchsmaximum kommen werde. Aber je länger der technische Fortschritt andauerte, um so mehr schien dafür zu sprechen, daß er sich auch weiter fortsetzen werde. Trotzdem gab man die Vorstellung einer weltweiten Stagnation nicht auf. Manche Wirtschaftswissenschaftler begannen den Gedanken zu vertreten, in »reifen Wirtschaften« werde sich der technische Fortschritt nicht rasch genug vollziehen, um mit dem Strom beabsichtigter Spartätigkeit Schritt halten zu können. Das *potentielle* Vollbeschäftigungseinkommen könnte steigen, nicht aber das tatsächliche Einkommen. Wenn dem Sparwillen nicht die Neigung zur Investition entspricht, treten depressive Kräfte auf, die eine Tendenz zu weltweiter Stagnation hervorrufen können. Man hat natürlich die Beziehungen zwischen Spar- und Investitionstätigkeit herangezogen, um zyklische Schwankungen zu erklären. Allerdings hat man sie auch angeführt, um die Behauptung zu stützen, manchen langfristigen Schwierigkeiten könne man mit Einkommens- und Verbrauchssteigerungen begegnen. Diese Betrachtungsweise verknüpft sich vor allem mit dem Namen Alvin Hansen, aber schon Keynes gab zu verstehen, daß seine eigenen Theorien gewisse langfristige Probleme mit sich brächten. Der rasche, vielleicht an Tempo sogar gewinnende technische Fortschritt in den letzten Jahrzehnten hat jedoch dazu geführt, daß man sich kaum noch für die Möglichkeit interessierte, es könnte schließlich doch zu einem erzwungenen Verbrauchsmaximum dieser Art kommen.

Wenn feste Ziele gesetzt sind, wird schließlich ein freiwilliges Verbrauchsmaximum erreicht. Mit steigendem Einkommen werden immer mehr Bedürfnisse befriedigt. Zuletzt würde der Nutzen von Einkommens- und Verbrauchszuwachs den Wert Null erreichen. Dazu muß es kommen, wenn man bestimmte Ziele annimmt. Was aber ist von dieser Annahme selbst zu halten?

Manche haben der Hoffnung Ausdruck gegeben, der Mensch werde schließlich einen Punkt erreichen, an dem ihn das Gefühl der Zufriedenheit mit seinem materiellen Wohlstand erfüllt. In den Schriften der größen Utopisten, von Sir Thomas More bis E. Bellamy, verlangt es den Menschen nicht ewig nach wirtschaftlichen Verbesserungen, sondern er erreicht ein materielles Niveau, das es ihm ermöglicht, seine Interessen und Energien anderen, »höheren« Zwecken zuzuwenden. Einige der frühen Nationalökonomen neigten zu solchen Hoffnungen. John Stuart Mill etwa sagte: »... der beste Zustand für die menschliche Natur ist der, in dem zwar keiner arm ist, aber auch niemand reicher zu sein verlangt, noch irgendwelche Gründe zu der Befürchtung hat, durch die Bemühungen anderer, sich vorwärtszubringen, zurückgestoßen zu werden[70].«

Utopisten wie Antiutopisten schreiben eher, um auf die Zukunft Einfluß zu nehmen, als um sie vorherzusagen. Sie müssen nicht der Meinung sein, daß es tatsächlich eine Grenze materieller Bedürfnisse des Menschen gebe. Andere dagegen haben die Überzeugung vertreten, es gebe doch ein Verbrauchsmaximum. Karl Marx beispielsweise glaubte, daß die Reichen früher oder später so reich sein würden, daß sie schließlich keine Luxusgüter mehr finden könnten, um dafür ihr Geld auszugeben. Marx' Gedankengang fußte auf bestimmten Vorstellungen von der Entwicklung der Einkommensverteilung. Aber selbst bei der ausgeglicheneren Verteilung der Einkommen, wie sie in Wirklichkeit die wohlhabenden Länder kennzeichnet, würde der Durchschnittsbürger, genauso wie die Angehörigen der reichen Klassen, schließlich so reich werden, daß er mit dem Kopf gegen die Decke der Bedürfnisse stößt. Keynes vertrat in seinen »Economic Possibilities for Our Grandchildren« den Gedanken, daß der materielle Appetit menschlicher Wesen zu stillen sei. Damit sah er das wirtschaftliche Grundproblem verblassen – ein Prozeß freilich, der, wie wir festgestellt haben, durch Schwierigkeiten gestört werden könnte, die Vollbeschäftigung aufrechtzuerhalten. In unserer Generation ist J. K. Galbraith[71] der bekannteste Anhänger der Theorie, Bedürfnisse hätten eine obere Grenze. Daß wir von diesem Sättigungspunkt noch nichts bemerken, beruht laut Galbraith auf dem »Abhängigkeitseffekt«. Durch die Werbung und den Wunsch, es anderen gleichzutun, hängen die Bedürfnisse schließlich von der Güterproduktion und nicht mehr von dem Wunsch ab, Knappheit zu beseitigen.

In einem wenig beachteten Aufsatz hat sich Roy F. Harrod[72] der Gruppe von Wirtschaftswissenschaftlern angeschlossen, die die Möglichkeit einer Sättigung einräumen. Das konventionelle Argument gegen die Vorstellung von einer Bedürfnissättigung lautet, daß ja schließlich auch die Leute mit hohem Einkommen anscheinend ihren hohen Verbrauch genießen; und wenn man ehrlich ist, wird man sich eingestehen, daß es ein Leichtes wäre, astronomische Summen in Konsum zu überführen. Aus diesen Gründen müsse eine mögliche Sättigung von Bedürfnissen in so ferner Zukunft liegen, daß es müßig sei, sich heute Spekulationen darüber hinzugeben.

Wie Harrod darlegt, ist diese Folgerung jedoch ein Trugschluß. Der Sättigungspunkt einer Minderheit liegt notwendigerweise ungleich höher als der einer Mehrheit. Mit anderen Worten: Eine Sättigung tritt ein, wenn viele ein bestimmtes Einkommen erreicht haben, obwohl dieses gleiche Einkommen keineswegs zur Sättigung führen würde, wenn nur einige wenige es verdienten. Der Hauptgrund dafür liegt darin, daß ein wesentlicher Teil des Verbrauchs von Einkommensoligarchen der Konsum persönlicher Dienstleistungen ist, der sich nicht verdoppeln läßt, wenn alle das gleiche hohe Einkommen beziehen. Ist das eigene Einkommen gestiegen, so hat sich auch das des potentiellen Dienstpersonals erhöht. Der Durchschnittsbürger kann sich nicht mehr persönliche Dienstleistungen leisten, als er es in der Steinzeit konnte. Für die Einkommensoligarchen ist es einfach, phantastische Summen für den Verbrauch auszugeben, da die Unterhaltsarbeit ausgeschaltet werden kann und nur die angenehmen Seiten des Konsums übrigbleiben. Villen und private Skihütten machen viel mehr Freude, wenn die Eigentümer nicht selbst zu waschen, putzen, fegen, polieren und aufzupassen brauchen. Der höchste Luxus besteht darin, daß einem auch noch die Strapazen abgenommen werden, Käufe selbst zu tätigen. Dann ist der Verbraucher sämtlicher Mühsal enthoben. Vor diesem Hintergrund ist es durchaus konsequent, eine beträchtliche Zunahme des eigenen Einkommens mit Wohlgefallen hinzunehmen und zur gleichen Zeit den Gedanken zu verfechten, es könne einen gewissen Sättigungspunkt geben, wenn jedermann ein hohes Einkommen hat. Ein Einkommensoligarch hat eine Eintrittskarte zur Freizeitklasse Veblens, aber per definitionem können nur wenige so viel mehr besitzen als der Durchschnitt, um durch das Tor zum Schlaraffenland zu gelangen.

Jene, die sich aus philosophischer Sicht mit Wirtschaftsproblemen beschäftigen, haben die Aussicht auf eine Sättigung der Bedürfnisse begrüßt. Andere machten sich darüber lustig. Ja, die meisten Menschen scheinen zu glauben, Bedürfnisse seien unerschöpflich. Sie erwarten nicht, daß der Nutzen von Einkommenszunahmen null wird oder auch nur zurückgeht. Die Vorstellung, es könnte einen Punkt geben, an dem nicht nur der Magen, sondern der ganze Körper, Kopf und Herz eingeschlossen, gesättigt, wenn nicht übersättigt ist, wird gewöhnlich verworfen. Ansichten über ein Verbrauchsmaximum werden als »idealistisch« oder »utopisch« abgetan – Attribute, die heute einen negativen Beigeschmack haben, weil sie für die Praxis nicht taugen. Dieser Glaube, daß es eine Bedürfnissättigung nicht gebe, ist natürlich aufrichtig. Aber schon die Vorstellung an sich wird scharf abgelehnt. Dies ist vielleicht überraschend. Wir wollen keinen Enderfolg mehr. Die Mittel sind zum Zweck geworden. Unzufriedenheit mit der eigenen materiellen Lage gilt als *der* Lebensansporn. Unsere Hoffnungen und unser Ehrgeiz sind an den materiellen »Fortschritt« geknüpft. Unser Tatendrang braucht ihn als Ventil. Das Streben nach wirtschaftlichem Wachstum hat eigene Wertmaßstäbe und etablierte Interessen entstehen lassen. Wirtschaftliche Sättigung erscheint als Gefahr, größer als das rein wirtschaftspolitische Problem.

Diese Bedrohung – früher eine verheißungsvolle Hoffnung – wird allerdings nicht zu ernst genommen. Wirtschaftswissenschaftler wie wirtschaftliche Laien trösten sich damit, daß die Menschen sich noch heute, nach Jahrhunderten eines immer starken Konsumanstiegs, so angelegentlich für den materiellen Fortschritt interessieren. Immer neue Höhen des Konsums werden erreicht, und trotzdem wagen es die Menschen – gottlob –, ihre Ansprüche noch weiter zu steigern. Ob Werbung oder nicht, man kann sich immer darauf verlassen, daß der Appetit des Massenverbrauchers zu reizen ist. Eine Abnahme des Grenznutzens kann vielleicht einzelne Gebrauchsgüter, nicht aber den gesamten Konsum in Mitleidenschaft ziehen. Was George Katona ehrfurchtsvoll »das Konsumwunder« genannt hat, wird, so glaubt man, in hundert Jahren ein noch größeres Wunder sein.

Hier kann und soll nicht entschieden werden, ob es auf der Angebotsseite zu einem erzwungenen oder auf der Nachfrageseite zu einem freiwilligen Konsummaximum kommen kann. Immerhin dürfte man die Angebotsthese wahrscheinlich zumindest hinsichtlich der nächsten Jahrzehnte vernachlässigen. Der technische Fortschritt läßt keine Abschwächung erkennen. Ähnlich ist wohl auch das Nachfrageargument unrealistisch, da sich anscheinend neue – spontan auftretende oder künstliche – Bedürfnisse durchsetzen. Selbst J. K. Galbraith räumt bei der Darlegung seines »Abhängigkeitsprinzips« ein, daß die Bedürfnisse nicht erschöpft sind. Daß sie durch Manipulation vermehrt werden, mag zutreffen, aber solange sie nicht erschöpft sind, kann nicht die Rede davon sein, daß infolge nachlassender Dringlichkeit unerfüllter Bedürfnisse der Einkommensnutzen abnähme.

Doch selbst wenn unsere Bedürfnisse unbegrenzt sind und die Produktionstechniken sich weiterhin verbessern, gibt es eine weitere Möglichkeit, daß sich der Spielraum für fortdauernde Verbrauchserhöhungen erschöpft. Eine Zeitverteilungsanalyse zeigt, daß dies tatsächlich der Fall ist. Es brauchen nicht unsere Mittel auf der Produktionsseite oder die Bedürfnisse auf der Verbrauchsseite zu sein, welche die Grenze setzen. Der entscheidende Faktor kann statt dessen ein Nutzgut auf der Verbrauchsseite sein, nämlich Zeit. Nach der herkömmlichen Betrachtungsweise ist der Verbrauch ein Augenblicksakt. Die einzigen möglichen Begrenzungen sind die Produktionsfähigkeit und der Konsumwille. Die Produktion hängt von der Technik ab, der Produktionsnutzen von den Bedürfnissen. Aber wenn das Zeitangebot begrenzt und wenn die Zeit ein notwendiges Hilfsmittel nicht nur in der Produktion, sondern auch im Verbrauch ist, dann wird die Zeit hemmend wirken. Der Nutzungsgrad von Verbrauchsgütern sinkt. Da der Preis der Verbrauchszeit steigt, wächst das Sozialprodukt nicht zu konstanten Preisen, selbst wenn alle Güterpreise unverändert bleiben. Die Zunahme des Verbrauchsvolumens ist also ein unzulänglicher Maßstab für Erhöhungen des materiellen Niveaus. Die zunehmende Zeitknappheit wird dazu führen, daß eine Zunahme bei den Verbrauchsgütern, sosehr uns auch an einer Erhöhung unseres materiellen Standards liegen mag, diesen Standard immer weniger verbessert. Da wir das Verbrauchsvolumen nicht mit einem so verschwommenen Begriff wie »Bedürfnissen« in Beziehung zu setzen brauchen, sondern es mit der meßbaren Zeit verknüpfen können, läßt sich auch eine bestimmte Folgerung über Verbrauchszunahmen ziehen.

Steigerungen im Verbrauchsvolumen könnten somit das Wohlbefinden nur zunehmend weniger erhöhen. Dafür gibt es zwei Gründe: Die Bedürfnisse können allmählich an Dringlichkeit verlieren, oder die Nutzungsmöglichkeiten von Verbrauchssteigerungen können infolge gestiegener Zeitknappheit geringer werden. Der zweite Fall setzt, im Gegensatz zum ersten, kein Nachlassen in der Intensität unseres Wunsches voraus, uns weitere materielle Verbesserungen zu verschaffen.

Einige Wirtschaftswissenschaftler haben mehr oder weniger gründlich die eventuelle Möglichkeit erörtert, daß begrenzte Zeit ein Absinken des durch Einkommenssteigerungen erzielten Genusses bewirken kann. Am überzeugendsten hat dies Roy F. Harrod getan. Harrod kommt zu dem Fazit, daß eine zunehmende Zeitknappheit den Erwerb weiterer, auf verschiedene Weise zu unterhaltender Güter immer weniger attraktiv erscheinen läßt. Harrods Feststellungen brauchen wir nur die Beobachtung hinzuzufügen, daß auch der eigentliche Verbrauch Zeit beansprucht, was die Tendenz verstärkt, daß Verbrauchszunahmen einen abnehmenden Grenznutzen erbringen. Abgesehen von dieser notwendigen Ergänzung, liegt die einzige Schwäche von Harrods Argumentation darin, daß er übersieht, daß ein durch Zeitknappheit verursachter abnehmender Nutzen von Einkommenszunahmen *nicht* die allmähliche Befriedigung aller Wünsche impliziert.

In der Literatur über Steuerpolitik hat zumindest ein weiterer Autor die Konsequenzen einer wachsenden Zeitknappheit berücksichtigt. Bei dem Versuch, ein gerechtes Steuersystem auf wissenschaftlicher Grundlage zu konstruieren, schien es uns vernünftig, zu untersuchen, inwiefern Einkommenssteigerungen die Lebensfreude der Menschen zunehmend weniger erhöhen.

In einem sehr bekannten Aufsatz aus dem Jahre 1913 versuchte J. S. Chapman[73] zu beweisen, daß der Grenznutzen des Einkommens *nicht* absinkt. Dabei stellte er fest, daß reiche Leute mit ihrem Kleingeld nicht so sorgfältig umgingen wie arme. Diese Gewohnheit der Reichen war zuweilen als Zeichen dafür gewertet worden, daß der Grenznutzen des Einkommens reicher Leute niedriger liege als der von armen. Chapman lehnte diese Schlußfolgerung ab. Er meinte, es sehe zwar so aus, daß die Reichen weniger achtsam mit ihrem Geld umgingen, aber dies sei lediglich darauf zurückzuführen, daß ihre Zeit so wertvoll sei, daß es für sie unwirtschaftlich wäre, lange über Pfennigbeträge nachzudenken.

Chapmans Feststellung ist ein interessantes und seltenes Beispiel dafür, daß ein Wirtschaftswissenschaftler die Rationalität zunehmender Irrationalität anerkennt. Damit aber die Möglichkeit eines abnehmenden Nutzens von Einkommenszunahmen zu verwerfen, ist ein fragwürdiges Vorgehen. Chapman hat darin recht, daß die Sorglosigkeit reicher Leute beim Umgang mit Geld nicht auf eine Erschöpfung von Bedürfnissen hinzudeuten braucht. Irrig ist indessen die Annahme, daß diese Sorglosigkeit *nicht* einen niedrigeren Grenznutzen von Geld aus zeitlichen Ursachen erkennen lasse. Die Rationalität zunehmender Irrationalität und der aus Zeitgründen abnehmende Einkommensnutzen sind beide Implikationen desselben grundsätzlichen Tatbestands, der zunehmenden Zeitknappheit. Man kann nicht eine Folgeerscheinung derselben Grundidee benutzen, um eine andere zu verwerfen. Tatsächlich ist die abnehmende Entscheidungsqualität einer der Gründe dafür, daß Einkommenszunahmen zu schwindendem Zuwachs an Nutzen führen. Die Widersprüchlichkeit in Chapmans Argumentation hat ihren Grund darin, daß er nicht zwischen den beiden möglichen Ursachen eines abnehmenden Nutzens von Einkommenserhöhungen unterscheidet. Er hätte folgern müssen, daß zwar der Nutzen von Einkommenszunahmen vielleicht im Abnehmen begriffen ist, dies aber nicht besagt, daß die Bedürfnisse der Bezieher hoher Einkommen in einem höheren Maße befriedigt wären.

Der Zeitzwang und die Wahrscheinlichkeit eines Verbrauchsmaximums

Wenn Einkommenszunahmen aufgrund der zunehmenden Zeitknappheit zu einer immer geringeren Erhöhung des materiellen Wohlbefindens führen, legt dies die Frage nahe, ob wir nicht schließlich ein Verbrauchsmaximum erreichen werden. Wenn die Bedürfnisse allmählich befriedigt werden und Einkommenssteigerungen den Grenznutzen des Verbrauchs auf Null senken, werden wir vor einem Verbrauchsmaximum stehen. Auch wenn infolge einer technischen Stagnation die Einkommen nicht weiter steigen können, werden wir an eine Obergrenze des Verbrauchs stoßen. Was aber geschieht, wenn sich die zunehmende Zeitknappheit der Entwicklung in den Weg stellt?

Harrod war, wie wir gesehen haben, der Meinung, die zunehmende Zeitknappheit werde dazu führen, daß wir allmählich das

Interesse an weiteren Einkommenssteigerungen verlieren. Er argumentierte aber auch so, als ob der abnehmende Grenznutzen von Einkommenszunahmen gleichbedeutend damit wäre, daß unsere Bedürfnisse sich der Reihe nach erschöpfen.

In unserer Tabelle 1 haben wir gesehen, daß abrupt ein Verbrauchsmaximum erreicht wird, wenn Güter pro Einheit eine ganz bestimmte Zeit im Unterhalt wie im Genuß beanspruchen. Wir haben inzwischen gezeigt, daß es im Unterhalt wie im Konsum wahrscheinlich große Möglichkeiten gibt, Zeit durch Güter zu ersetzen, und daß dies auch geschieht, wenn Güter im Verhältnis zur Zeit billiger werden. Diese Substitution zeigt sich an einem allmählich schwindenden Zuwachs des Nutzens von Erhöhungen des Gütervolumens. Die Möglichkeit, Zeit durch Güter zu ersetzen, bedeutet, daß nicht unbedingt die Situation eintreten muß, in der der Nutzen weiterer Einkommenszunahmen den Wert Null erreicht. Nichts also hindert einen Verbraucher daran, daß er versucht, aus der Situation das Beste zu machen, und weiterhin seinen Verbrauch und damit sein Wohlbefinden erhöht. Wir haben ja angenommen, daß der technische Fortschritt noch anhält, so daß wir bei Bedarf die Produktion erhöhen können. Ferner haben wir konstatiert, daß unser Streben nach materiellen Verbesserungen wahrscheinlich so stark wie eh und je ist. Daher werden die Menschen ihren Verbrauch erhöhen wollen, um damit ihren materiellen Standard zu verbessern. Zwischen dem Wunsch, das Wohlbefinden zu verbessern, und der Möglichkeit, dies durch Erhöhung des Verbrauchs zu erreichen, wird genausowenig ein Konflikt bestehen wie zwischen dem Wunsch, den Verbrauch zu steigern, und der technischen Möglichkeit, die Produktion zu erhöhen. Wir sehen hier, wie wichtig es ist, zu unterscheiden, ob wir es mit einem abnehmenden Nutzen von Einkommenserhöhungen aufgrund einer Sättigung von Bedürfnissen oder aufgrund zunehmender Zeitknappheit zu tun haben. In beiden Fällen kommen wir zu völlig verschiedenen Schlußfolgerungen darüber, welche Anstrengungen man unternehmen wird, um das Verbrauchsniveau zu erhöhen.

Tatsächlich sehen wir, daß sich unter den dargelegten Bedingungen die Bemühungen um die Erhöhung des Konsumniveaus beschleunigen. Hat jemand den Wunsch, sein materielles Wohlbefinden jedes Jahr um einen gewissen Prozentsatz zu steigern, dann muß sein Verbrauchsvolumen jährlich um einen ständig wachsenden Prozentsatz erhöht werden. Der Grund dafür liegt darin, daß eine bestimmte prozentuale Steigerung im Verbrauch den materiellen Standard um einen geringer werdenden Prozentsatz anwachsen läßt. Wird der Verbrauch alljährlich nur um einen bestimmten Prozentsatz gesteigert, dann sinkt die Rate der Erhöhung des materiellen Standards. In dieser Situation ist zu erwarten, daß die Wirtschaftspolitik großes Gewicht auf wirtschaftliches Wachstum legt und der einzelne in seiner Lebensführung wirtschaftlichen Anstrengungen einen bevorzugten Platz einräumt. Die Tatsache, daß das Wirtschaftswachstum uns so enorm viel bedeutet, kann deshalb keineswegs als Indiz dafür aufgefaßt werden, daß es unangebracht wäre, von einem abnehmenden Nutzen bei Verbrauchssteigerungen zu sprechen. Die Schwierigkeiten, unseren materiellen Standard durch eine Steigerung unseres Verbrauchsvolumens zu erhöhen, werden von den meisten von uns als ein wirtschaftliches Problem empfunden. Die einzige bekannte Lösung von Wirtschaftsproblemen besteht in einer Einkommenssteigerung. Wir können daher erwarten, daß das Interesse am Wirtschaftswachstum auch dann noch groß ist, wenn der Nutzen von Verbrauchssteigerungen einen sehr niedrigen Stand erreicht. Ja, es ist denkbar, daß wir ein Wirtschaftswachstum sogar dann noch wünschen würden, wenn der Nutzen von Verbrauchserhöhungen bei Null läge.

Die Zunahme der Zeitknappheit ist ein kontinuierlicher Prozeß. Deshalb läßt sie sich nicht leicht zur Grundlage einer Einteilung des wirtschaftlichen Wachstumsprozesses in klar gegliederte Perioden machen. Dennoch ist es vielleicht nützlich, den Wirtschaftsprozeß in drei Zeitabschnitte mit verschiedenen Charakteristiken einzuteilen, wie sie mit Hilfe unserer Zeitverteilungsanalyse beschrieben wurden. Die erste Periode ist die konstruktive Wachstumsphase. Die notwendigen materiellen Bedingungen für eine zufriedenstellende Nutzung der Zeit werden geschaffen. Die Zeit wird knapper, aber zunächst nur dadurch, daß wirtschaftlich freie Zeit auf sinnvolle Weise absorbiert wird. Die Zeitknappheit nimmt auch darüber hinaus zu, aber ohne daß etwa die Kulturzeit kürzer wird. Die Zeitknappheit ist auch nicht so groß, daß es zu Störungen in Form einer unrationellen Hast oder einer starken Hinwendung zu Verbrauchsgütern auf Kosten der menschlichen Koexistenz käme. Die armen Länder stehen erst am Anfang dieser Periode.

Die zweite Periode ist die der Dekadenz. Die Phase der Vulgarisierung wird von einer ausgeprägten Zeitknappheit gekennzeichnet. Mit anderen Worten: Der Nutzen weiterer Steigerungen des Durchschnittseinkommens ist erheblich gesunken. Trotzdem ist der Bedarf an weiteren Verbesserungen der materiellen Bedingungen nach wie vor sehr groß. Infolgedessen nehmen wirtschaftliche Fragen in der Politik wie im privaten Bereich eine beherrschende Stellung ein. Die Verbesserung der wirtschaftlichen Situation gilt nun nicht mehr als Mittel zum Zweck, sondern als Zweck selbst, als Ziel. Die Form der in dieser Dekadenzphase unternommenen Anstrengungen soll in Kapitel 11 erörtert werden. Es ist eine Ermessensfrage, ob die reichen Länder bereits in diese Periode eingetreten und wie weit sie in diesem Fall darin schon fortgeschritten sind.

Dann gibt es noch eine dritte Periode – die »Reformations«-Phase –, die je nachdem eintreten oder nicht eintreten kann. In dieser Periode wird der Gedanke des Fortschritts einen neuen Gehalt gewinnen. Infolge der Zeitknappheit wird es äußerst schwierig sein, das Niveau des menschlichen Wohlbefindens durch eine Anhebung des Verbrauchsniveaus zu erhöhen. Die Menschen werden sich neue Ziele setzen. In Kapitel 12 wollen wir uns kurz mit diesen Grenzfragen der wirtschaftlichen Entwicklung beschäftigen.

11 Die Dekadenzperiode

> Solange in einem Land die wirtschaftliche Situation
> schlecht ist, interessieren sich die Leute für die
> Volkswirtschaft, die uns vielleicht sagt, wie es aufwärts geht;
> wenn es dann aufwärts geht, ist die Volkswirtschaft
> nicht mehr so interessant.
>
> Walter Bagehot[74]

Ein unerwartetes Interesse

Dem Wirtschaftswachstum wird heutzutage enorme Aufmerksamkeit zuteil. Professoren und Politiker vertiefen sich in Probleme der Wirtschaftstheorie und Wirtschaftspolitik. Darüber
hinaus nimmt unser aller Interesse an diesen Dingen zu. Aber
eigentlich erst seit dem letzten Weltkrieg befassen sich die Leute
bewußt und systematisch mit Methoden, eine hohe Wachstumsrate zu erzielen.

Es mag manchen überraschen, daß das Interesse am Wirtschaftswachstum somit parallel zum Einkommensniveau zunimmt. Wie
aus dem einleitenden Zitat von Bagehot hervorgeht, dachte man
früher, die Beschäftigung mit wirtschaftlichen Dingen würde allmählich an Bedeutung verlieren und vielleicht schließlich ganz
aufhören. Auch John Stuart Mill glaubte, wie wir gesehen haben,
die Menschen könnten sich mit der Zeit von ihren wirtschaftlichen
Problemen erholen. Selbst Keynes verkündete noch in den Jahren
zwischen den Weltkriegen, das wirtschaftliche Problem werde in
absehbarer Zukunft verschwinden. Solche Worte hört man heute
nicht mehr. Sie würden uns leichtfertig erscheinen. Statt dessen
wird in der Literatur betont, wie wichtig es sei, die Wachstumsrate
zu steigern. Zitieren wir Moses Abramovitz: »Wenig findet sich
in der jüngeren [amerikanischen] Wirtschaftsliteratur und in politischen Erklärungen so häufig wie Bekundungen der Unzufriedenheit mit dem Wachstumstempo der US-Wirtschaft, begleitet
von energischen Forderungen, daß wir unser Entwicklungs-
tempo beschleunigen ›können und müssen‹[75].«

Zwar registrierte dieser oder jener Autor die steigende Sorge um
das Wirtschaftswachstum mit Erstaunen, fand es aber offensicht-

lich nicht schwer, dieses Phänomen zu erklären. Solche Erklärungen finden sich in reicher Zahl, und sie geben sich nicht damit zufrieden, daß die Menschen einfach den Wunsch nach einer Erhöhung der Wachstumsrate ihres Verbrauchs haben. Weitere Mittel seien notwendig, so wurde argumentiert, damit man den armen Ländern mehr unter die Arme greifen könne; mehr Mittel würden benötigt, um in den reichen Ländern selbst den bedürftigen Minderheiten größere Hilfe geben zu können. »Das andere Amerika« existiert ja, und nicht nur in den Vereinigten Staaten. Diese beiden löblichen Zielsetzungen wären ja recht überzeugend, wenn sich zeigen ließe, daß Wohlstandssteigerungen tatsächlich solchen Zwecken nutzbar gemacht würden. Dies ist jedoch sehr zu bezweifeln. Was die Frage vermehrter Unterstützung von Entwicklungsländern betrifft, so herrscht in den reichen Ländern eine gewisse Apathie. Und »die neue Armut« ist eher eine Krankheitserscheinung als das Ergebnis niedriger Produktivität. Sie ist ja gerade deswegen entstanden, weil nicht alle durch eigene Leistung direkt von Produktivitätssteigerungen profitieren konnten. Ebensowenig haben die Armen indirekt in größerem Maße von dem vermehrten Wohlstand durch staatliche Unterstützung profitiert. Es ist typisch für die Sozialpolitik – selbst in einem Land wie Schweden –, daß sie auf die Interessen der Mehrheiten, nicht kleiner, bedürftiger Minderheiten zugeschnitten ist. Die chronisch Kranken, die Körperbehinderten und die Geisteskranken sind einige der Minderheitsgruppen, die man mit einem Linsengericht abspeist, statt vor allem ihnen die Wohltaten des Wohlfahrtsstaates zukommen zu lassen.

Dann wird behauptet, für Verteidigung, Bildungswesen und die medizinische Versorgung der Bevölkerung seien mehr Mittel vonnöten. Dies mag zwar zutreffen, erklärt aber kaum, warum das Interesse am Wirtschaftswachstum zunimmt. In der Sowjetunion und in den Vereinigten Staaten hat das Verteidigungs-Argument ja großes Gewicht, aber es kann schwerlich die treibende Kraft hinter diesem Interesse am Wirtschaftswachstum sein, da dies in Ländern wie Schweden und Deutschland ebenso stark ist.

Es wird ferner behauptet, für die kulturelle Entwicklung würden mehr Mittel gebraucht. Die Zahl der Kulturoptimisten ist zwar zurückgegangen, doch es gibt sicher noch immer Leute, die das Wirtschaftswachstum als ein Mittel zur Förderung der kulturellen Entwicklung zu sehen wagen. Ebenso glauben mit Bestimmtheit viele, wirtschaftliches Wachstum sei notwendig, um die Freizeit zu vermehren und unser hektisches Lebenstempo zu verringern.

Selbst wenn das Wachstum in der Wirklichkeit die umgekehrte Wirkung hätte – Verringerung der Kulturzeit und Erhöhung des Lebenstempos –, könnte natürlich die gegenwärtige Einstellung ihre Wirkung haben. Trotzdem bleibt schwer einzusehen, wieso diese Vorsätze zu einem steigenden Interesse am Wachstum führen sollten.

Ein Land müsse ein hohes Tempo der wirtschaftlichen Entwicklung halten, wolle es sich in der »Wachstumsolympiade« behaupten – diese Ansicht wird von vielen vertreten und ist natürlich für sich ganz zutreffend. Aber sie vermag nicht zu erklären, warum es jemals zu solch einem Wettbewerb zwischen den Staaten gekommen ist. Ähnlich wird manchmal argumentiert, wirtschaftliches Wachstum sei nötig, um dem Streben der Menschen nach Selbsterhöhung Ausdruck zu geben. Zitieren wir Keynes:

... gefährliche menschliche Neigungen können durch das Vorhandensein von Möglichkeiten, zu Geld und Privatvermögen zu kommen, in vergleichsweise unschädliche Bahnen gelenkt werden. Sind sie nämlich auf diese Weise nicht zu befriedigen, können sie zu Grausamkeit, rücksichtslosem Streben nach persönlicher Macht und Autorität und zu anderen Formen der Selbsterhöhung führen. Es ist besser, jemand ist Tyrann über sein Bankguthaben als über seine Mitmenschen[76].

Wie treffend diese Bemerkung auch sein mag, so erklärt sie doch nicht, warum diese Kräfte gerade im Wirtschaftswachstum ein Ventil finden sollten. Ebensowenig kann sie klarmachen, warum das Interesse am Wachstum zunimmt.

Man hat behauptet, die Wirtschaftswissenschaft selbst habe sich deshalb erst in jüngerer Zeit für Wachstumsprobleme interessiert, weil sie noch nicht die schwierigen Probleme im Zusammenhang mit den Konjunkturzyklen gelöst hatte. Daß Wirtschaftswissenschaftler zuerst versuchten, die primären Krankheiten zu heilen, ehe sie die komplizierteren Probleme angingen, scheint nur vernünftig. Aber das dürfte doch kein vernünftiger Grund für all die Laien gewesen sein, sich so angelegentlich und mit soviel Eifer mit dem Wachstum zu befassen.

Eine weitere Erklärung für das zunehmende Interesse am wirtschaftlichen Fortschritt ist die Erkenntnis, daß man erst jetzt allgemein bemerkt hat, daß der Wohlstand auf lange Sicht nicht durch die *Neuverteilung* von Mitteln zu erhöhen ist. Ein Zuwachs materieller Mittel kann nur durch gesteigerte Produktivität erreicht werden. Solch eine revidierte Denkweise mag ihre Rolle gespielt haben, scheint aber für sich allein eine etwas dürftige Erklärung.

Die entscheidende Triebkraft hinter dem wachsenden Interesse am Wirtschaftsfortschritt ist wahrscheinlich ganz schlicht das Streben, den materiellen Lebensstandard zu heben. Man strebt nach immer höherem Verbrauch, immer rascheren Steigerungen des materiellen Niveaus. Dies ist kaum eine großartige Offenbarung. Überraschend ist daran nur, daß man nicht bereit ist, die Wahrheit zuzugeben. Die anderen Motive, die gewöhnlich angeführt werden, sind wahrscheinlich künstlich rationalisiert. Soweit sie nicht durch den Gebrauch widerlegt werden, dem unsere wachsenden Mittel tatsächlich zugeführt werden, sind sie einfach Reflexionen über verschiedene Ebenen des Verbraucherwillens, sein materielles Wohl auf jede erdenkliche Weise zu erhöhen.

Wir können feststellen, daß es ein Interesse gibt, den Verbrauch immer rascher zu vermehren, ohne daß dies der These widerspräche, die Steigerung gehe zurück, die Einkommenserhöhungen dem Wohlbefinden bringen. Solange Einkommenszunahmen einen abnehmenden Grenznutzen haben, der nicht auf einer Erschöpfung der Wünsche, sondern auf zunehmender Zeitknappheit beruht, ist das Resultat eben ein wachsendes Interesse am wirtschaftlichen Aufschwung. Um materielle Verbesserungen zu erreichen – wonach es uns sehr verlangt –, müssen wir beständig unseren Einkommenszuwachs erhöhen.

Je schärfer der Konflikt zwischen dem abnehmenden Nutzen von Einkommenszunahmen und den wachsenden Wünschen nach Erhöhung des materiellen Wohlbefindens ist, desto größer wird das Bestreben sein, mit allen Mitteln das Wachstum der Wirtschaft voranzutreiben. Kulturelle Entwicklung – und zwar nicht als Luxus für wenige – war vielleicht nie mehr als ein Traum, aber dies wird heute immerhin offen zugegeben. Wie vielfach festgestellt, hat der Fortschritt seinen Preis – verschiedene institutionelle Veränderungen müssen in Kauf genommen werden, um den Wachstumsprozeß zu ermöglichen. Je höher das Einkommensniveau liegt, um so eher werden die Menschen bereit sein, diese Kosten auf sich zu nehmen, um noch raschere Verbrauchssteigerungen zu erzielen. Es ist sogar möglich, destruktive Methoden anzuwenden, um wirtschaftliches Wachstum zu erreichen, das heißt Mittel, von denen sich früher oder später zeigt, daß sie einen niedrigeren materiellen Standard zur Folge haben. Wir werden noch mehrere Beispiele anführen, die zeigen, welche Formen dieses starke, mitunter destruktive Interesse am Wachstum annimmt.

Ein Ansteigen des allgemeinen Produktivitätsniveaus kann dazu führen, daß die Arbeitszeit entweder verkürzt oder verlängert wird – je nachdem, wie schwer es fällt, im Verbrauch Zeit durch Güter zu ersetzen. Damit sind wir außerstande, a priori zu entscheiden, ob die tatsächlich geleistete Arbeitszeit über dem optimalen Stand liegt oder nicht – das heißt über dem Stand, der zur größtmöglichen materiellen Befriedigung führen würde. Wenn sich zeigen ließe, daß die tatsächliche Arbeitzeit über dem Optimum liegt, hätten wir es mit einem interessanten Fall von Wachstumsmanie zu tun.

Selbst wenn sich keine bestimmten Schlüsse daraus ziehen lassen, wie die Arbeitszeit sich tatsächlich entwickelt hat, ist vielleicht doch die Feststellung interessant, daß sich die Zahl der Arbeitsstunden in den Vereinigten Staaten gegenwärtig nicht weiter verringert. Dies *könnte* bedeuten, daß die Leute mit den durch Einkommenserhöhungen erzielten materiellen Verbesserungen unzufrieden wären; sie wollen somit den Umfang dieser Einkommenssteigerungen erhöhen, und dies tun sie durch intensivere Arbeit. Bezeichnenderweise pflegen wir selbst unter diesen Umständen den Mythos, daß die Arbeitszeit ständig verringert würde. Auf diese Weise kommen wir sowohl zu unseren Verbrauchsgütern wie auch zu dem Gefühl, wir hätten mehr Zeit zu ihrer Nutzung. Die Statistiken sprechen jedoch eine ganz andere Sprache.

Betrachten wir einmal die Entwicklung in den Vereinigten Staaten. Die durchschnittliche wöchentliche Arbeitszeit im letzten Teil des 19. Jahrhunderts dürfte gut sechzig Stunden betragen haben. 1909 lag – nach Berechnungen des US-Bureau of Labor Statistics – die durchschnittliche wöchentliche Arbeitszeit in der verarbeitenden Industrie bei 51 Stunden. Im Jahr 1929 war sie auf 44 Stunden gesunken. Während der Weltwirtschaftskrise und im Zweiten Weltkrieg traten große Schwankungen auf, die ihre besonderen Ursachen hatten. *Doch seit der ersten Nachkriegszeit hat sich die Arbeitswoche nicht weiter verkürzt.* Zwar sind geringfügige Schwankungen zu verzeichnen – wahrscheinlich eine Folge zyklischer Veränderungen –, aber sie haben sich immer um eine Linie knapp über vierzig Wochenstunden bewegt.

Dieses Bild wird bestätigt, wenn wir eine andere Zahlengruppe betrachten. Während die durchschnittliche wöchentliche Arbeitszeit vom US-Bureau of Labor Statistics nach Lohnlistenangaben über die Zahl der geleisteten Arbeitsstunden und die Zahl der Beschäftigten errechnet wird, führt das Census Bureau in regelmäßigen Abständen Stichprobenuntersuchungen über einzelne Arbeitnehmer und ihre Arbeitszeit durch. Der Vorteil dieser Daten für unsere Zwecke liegt darin, daß sie die Rolle klarer erkennen lassen, welche Kurz- und Überstundenarbeit spielen. Die Kurzarbeit, die immer mehr Frauen und Jugendliche leisten, führt in der statistisch erfaßten durchschnittlichen Wochenarbeitszeit zu einer Verminderung, ohne daß dies wirklich einen Rückgang in der Arbeitsleistung anzeigte, zumal viele der heutigen »Kurzarbeiter« zuvor nicht erwerbstätig waren. Überstunden sind zwar in der durchschnittlichen Wochenarbeitszeit eingeschlossen, aber wenn sie die Form einer Mehrfachtätigkeit annehmen, verringert dies seltsamerweise die durchschnittliche wöchentliche Arbeitszeit, wenn – wie üblich – der zweite Job in Kurzarbeit besteht.

Auch hier kommen wir zu dem Ergebnis, daß die wöchentliche Arbeitszeit der ganztags (und nicht in der Landwirtschaft) Beschäftigten in der Nachkriegszeit auf einem konstanten Durchschnittsniveau von etwa 45 Stunden geblieben ist. Wenn wir uns die Zahlen näher ansehen, stellen wir fest, daß in diesem Zeitabschnitt die Zahl der Beschäftigten, die mehr als 48 Stunden in der Woche arbeiten, sich verdoppelt beziehungsweise von 13 Prozent der Beschäftigtenzahl im Jahr 1948 auf 20 Prozent im Jahr 1965 erhöht hat. Etwa fünf Prozent der Beschäftigten üben mehr als eine Tätigkeit aus. Bei verheirateten weißen Männern liegt die Zahl erheblich höher. Die Zahl der Beschäftigten mit mehreren Erwerbstätigkeiten hat zumindest im letzten Jahrzehnt nicht abgenommen. Da diese Praxis vor dem Beginn einer Abnahme der wöchentlichen Arbeitszeit nicht sehr weit verbreitet gewesen sein kann, ist die Schlußfolgerung erlaubt, daß sie sogar allmählich an Umfang zugenommen hat. Einige Schätzungen besagen auch, daß die Mehrfachtätigkeit sich seit 1950 verdoppelt habe.

Um die Veränderungen in der wöchentlichen Arbeitszeit erschöpfend darzustellen, müßten wir noch eine ganze Reihe zusätzlicher Probleme berücksichtigen. Veränderungen im Krankenstand, in der Zahl bezahlter, aber nicht geleisteter Arbeitsstunden (Urlaub), in der Anfahrtszeit zum Arbeitsplatz, in der Abgrenzung von Arbeitszeit und -pausen und in der wöchentlichen Familien-Gesamtarbeitszeit (im Gegensatz zur wöchentlichen Arbeitszeit des einzelnen) sind Beispiele weiterer Komplikationen, die in Betracht gezogen werden müßten. Für unseren Zweck brauchen wir jedoch nicht tiefer in die Arbeitsstatistiken einzudringen. Schon aus groben Angaben tritt klar hervor: Die Verringerung der Arbeitszeit hat aufgehört.

Dieses Ergebnis hebt sich scharf von der herkömmlichen Vorstellung ab, nach der die Arbeitszeit deutlich zurückgeht und weitere Produktivitätssteigerungen bald zu einer noch kürzeren Arbeitswoche, etwa der 30-Stunden-Woche, führen werden. Man kann einige Gründe dafür entdecken, warum die Ansicht so weit verbreitet ist, daß die Arbeitszeit einen dramatischen Rückgang aufweise. Am wichtigsten ist vielleicht, daß man immer noch in den Vorstellungen denkt, die sich an den Verhältnissen nach der industriellen Revolution orientieren, und daß man sich nicht darum kümmert, welche Richtung die Veränderungen in der letzten Zeit genommen haben. Die Menschen neigen ja dazu, nur das zu sehen, was man zu sehen erwartet. Die Feststellung der Unterschiede zwischen Tatsachen und Erwartungen wird noch dadurch erschwert, daß wir auch dazu neigen, allein auf Verringerungen der nominellen Wochenarbeitszeit zu achten – die dann irrigerweise als Verringerungen der tatsächlichen wöchentlichen Arbeitszeit ausgelegt werden. Ebenso kann der Rückgang der Beschäftigtenzahl in der Landwirtschaft – deren Arbeitszeiten erheblich über dem Durchschnitt liegen – den Eindruck einer Verkürzung der wöchentlichen Arbeitszeit erwecken, obwohl es sich nur um eine Veränderung in der Arbeitskräftestruktur handelt.

Manche Leute arbeiten sehr lange, um Einkommensoligarchen zu werden und Zugang zu jenen Freuden und Genüssen zu erlangen, die, wie Harrod feststellte, zwangsläufig nur einer Minderheit vorbehalten sind, einerlei, wie stark die Durchschnittsproduktivität zunimmt. Vielleicht ist eine lange Arbeitszeit noch mehr auf Freude an der Arbeit als auf die Freude am Geld zurückzuführen, das die Arbeit einbringt. So wird der Zwang zur Arbeit durch zwanghaftes Arbeiten ersetzt. Die meisten Leute schränken jedoch trotz Produktivitätserhöhungen ihre Arbeitszeit nicht ein – einfach, weil ihnen die dann möglichen Verbrauchssteigerungen nicht genügten. Dies würde bedeuten, daß die Menschen, infolge des abnehmenden Nutzens von Einkommenszunahmen, verbunden mit dem Drang, den Lebensstandard zu verbessern, zu einer falschen Zeitverteilung verlockt und so zu Opfern des Wachstumswahns werden. Die Tatsache, daß wir den Mythos von der Abnahme der wöchentlichen Arbeitszeit so eifrig pflegen, weist darauf hin, daß über die Richtigkeit der gegenwärtigen Zeitverteilung ein vages Gefühl der Ungewißheit herrscht. Manche, wie Bertrand Russell, fühlen sich sogar veranlaßt, das »Lob des Müßiggangs« zu singen.

Wachstumsmanie auf nationaler Ebene

Für den ruhelosen Wohlstandsmenschen muß es allerdings besonders verlockend sein, ohne lange Arbeitszeit ein höheres Einkommen zu erreichen. Wir müssen mithin eine starke Konzentration auf das Wirtschaftswachstum durch Steigerungen der Gesamtproduktivität erwarten. Die Stimulation des wirtschaftlichen Fortschritts wird zu einem Hauptziel des nationalen Strebens.

Eine Möglichkeit der Förderung des Wirtschaftswachstums besteht darin, die Beschäftigung mit der Wirtschaftswissenschaft im akademischen Bereich wie auch auf weniger anspruchsvollen Ebenen zu unterstützen. Zumindest in Schweden hat in der Nachkriegszeit die Zahl der Studenten, die Wirtschaftsfächer belegt haben, gewaltig zugenommen. Auf diese Weise lernen die Menschen die Voraussetzungen des ökonomischen Fortschritts kennen. Wirtschaftspolitische Maßnahmen brauchen nicht durch fehlgeleitetes, obstruktives Verhalten behindert zu werden. Die Leute erkennen die wirtschaftlichen Kosten ihrer verschiedenen Neigungen. Es wurde schon oft festgestellt, daß in den unterentwickelten Ländern zwar viel von der Entwicklung der Wirtschaft geredet wird, daß man aber häufig nicht bereit ist, den Preis des Fortschritts zu zahlen. Man scheint nicht bereit, tiefgreifende Veränderungen in der Gesellschaftsstruktur hinzunehmen – Veränderungen, die zwangsläufig zur Entwicklung der Wirtschaft gehören. In den hochentwickelten Ländern ist die Situation anders. Wir haben unsere heiligen Kühe geschlachtet. Die Bevölkerungszahl und der Tierbestand werden nach den Wachstumsbedürfnissen reguliert. Wir neigen immer mehr dazu, alles unter rein wirtschaftlichen Aspekten zu betrachten. Verschwendung und Ineffektivität erregen wachsendes Mißfallen. Und doch müssen wir uns zugleich paradoxerweise eingestehen, daß die Rationalität der wachsenden Irrationalität den Gebrauch, den wir tatsächlich von unseren Mitteln machen, in zunehmendem Maß unüberlegt und anscheinend irrational macht. Auf interessante und bedrohliche Weise zeigt sich die Wachstumsbesessenheit in dem Ausmaß, in dem wir bereit sind, dem Wachstum sogar ideologische Opfer zu bringen. Wir würden eine Verwässerung der Demokratie für eine gesicherte

Wirtschaftsentwicklung in Kauf nehmen, wie sie vielleicht durch Managerherrschaft und Planwirtschaft hergestellt werden könnte. Selbst wenn wir überzeugt wären, daß dies zu unserer Versklavung führen würde, so würde dieser Preis des Fortschritts dennoch hingenommen. Ein Zeitalter, in dem man von »menschlichen Investitionen« spricht, während ehemals vom »veredelnden Bildungserlebnis« gesprochen wurde, hat seine Ideale geändert.

Nicht unerwähnt soll bleiben, daß auch die kommunistischen Staaten bereit zu sein scheinen, der Wirtschaftsentwicklung immer mehr ideologische Opfer zu bringen. Nach und nach werden kapitalistische Methoden zur Ankurbelung der Wirtschaft eingeführt, obwohl sie nach kommunistischem Dogma unfehlbar zur Erniedrigung des Menschen führen müssen. Wenn die Chinesen noch am Dogma festhalten, so deshalb, weil sie es sich leisten können – wegen des hohen Nutzens selbst kleiner Einkommenszunahmen bei ihrem gegenwärtigen niedrigen Verbrauchsniveau.

Von der Manipulation der Ideale ist es nur ein kleiner Schritt zum Jonglieren mit Datenmaterial. Das große Interesse am Wachstum der Wirtschaft hat zu einer Index-Manie geführt. Statistische Schwierigkeiten machen es bekanntlich unmöglich, einen Index des Bruttosozialprodukts zu erstellen, der Veränderungen in unserem materiellen Wohlbefinden genau wiedergibt. Und doch ist irgendeine Art Index notwendig, um den Menschen zu zeigen, was sie sonst vielleicht nicht zu erkennen vermöchten. Aber sobald ein Index, mit all seinen Unzulänglichkeiten, aufgestellt ist, gewinnt er eine eigene Bedeutung. Um politische Kampagnen mit dem Schlachtruf »Wir hatten es noch nie so gut« führen zu können, ergreifen manche Regierungen Maßnahmen, die eher geeignet sind, die Indexzahlen als das Wohl der Bevölkerung zu erhöhen. Ebenso beobachtet die Opposition sorgsam die Bewegungen des Index, um Angriffspunkte zur Kritik an einer unfähigen Wirtschaftspolitik zu entdecken. Die Politiker handeln nicht aus Böswilligkeit so. Ihr Verhalten spiegelt nur den Wunsch der Bevölkerung nach raschem Wirtschaftswachstum und läßt die Meinung erkennen, der Index bezeichne das Fortschrittstempo. Allein die statistischen Erfolgsziffern zählen, nicht die ungemessenen oder unmeßbaren Dinge, die das Leben ausmachen.

Besonderes Interesse verdient die Tatsache, daß der Index, den wir alle verfolgen, nicht die Zeit berücksichtigt, die dem Genuß von Verbrauchsgütern gewidmet wird. Um rasche Indexsteigerungen zu erzielen, lassen es sich die Regierungen daher angelegen sein, die Arbeitszeit auf einem hohen Stand zu halten.

Es gibt noch viele andere angenehme Dinge, die in den Statistiken nicht erscheinen. Wir legen großen Wert auf reine Luft und sauberes Wasser, aber solche Güter haben keinen Pegel.

Das gleiche gilt für die Freude an der Schönheit der Natur. Wir müßten also erwarten, daß der im Indexwahn sich ausdrückende Wachstumswahn für diese Güter nur wenig Interesse aufzubringen vermag, verglichen mit den stattlichen Investitionen für Fabriken und technische Ausrüstung. Und so ist es auch. Wir wollen nicht hören, was »Der stumme Frühling« uns zu sagen hat. Auf diese Weise gelingt es uns vorläufig, das Wachstumstempo zu halten – und das Wohl der Gemeinschaft zu vernachlässigen.

Es soll nicht bestritten werden, daß der Raubbau an den Gütern der Natur – wie Luft und Wasser – in den letzten Jahren auf zunehmenden Widerstand gestoßen ist. Dies ist aber zu einem überraschend hohen Maß darauf zurückzuführen, daß eine weitere Schädigung dieser Güter sich schließlich nachteilig auf den statistisch registrierten Verbrauch auswirken würde. Unsere Zivilisation ist klar erkennbar in Gefahr, im Smog zu ersticken. Professor Neiburger, ehemaliger Präsident der American Meteorological Society, sagt: »Jede Kultur geht nicht an einer plötzlichen Katastrophe wie einem Atomkrieg zugrunde, sondern weil sie allmählich in ihrem eigenen Unrat erstickt.« Solche Feststellungen sind nicht selten, aber man hört selten auf sie. An dem Tag, an dem ich den ersten Entwurf dieses Abschnitts niederschrieb, brachte die »New York Times« einen Artikel über den äußerst gefährlichen Grad der Luftverschmutzung in New York. Einige Tage später – am Thanksgiving Day 1966 – wurde die Situation kritisch.

Trotz all unserer Anstrengungen, das Wachstum zu beschleunigen und die Menschen zu überzeugen, daß das Wachstumstempo hoch ist, erscheint keineswegs sicher, daß der Einkommenszuwachs als ausreichend betrachtet wird. Man wird mehr verlangen, als zur Verfügung steht, um den Lebensgenuß noch zu steigern. Und wenn die Menschen mit den Geschenken unzufrieden sind, die ihnen das Wirtschaftswachstum bringt, dann wird es zu einer weiteren Manifestation der Wachstumsbesessenheit kommen. Dies zeigt sich in den USA im staatlichen Bereich darin, daß die Regierung mehr ausgibt, als sie einnimmt, selbst wenn eine solche Finanzpolitik nicht darauf abzielt, Unterbeschäftigung nach Keynes'schem Rezept zu kurieren.

Unser Interesse am Wachstum nimmt alle Formen an – mögliche und unmögliche.

12 Die Zukunft der Wirtschaft

> Sicherlich, meine Freunde, viel Speck ist gut
> und unentbehrlich, doch ich bezweifle, daß ihr es auch
> nur zu Speck bringt, wenn ihr euch nicht mehr vornehmt.
>
> Thomas Carlyle[77]

Die naiven Vorstellungen

Wohin führt uns der wirtschaftliche Fortschritt? Wird das Verlangen danach jemals gestillt werden? Wenn nicht – warum nicht? Welche Entwicklung werden unsere Wirtschaft und Gesellschaft nehmen, wenn dieses Verlangen nicht erfüllt werden kann?

Dies sind herausfordernde und bedeutsame Fragen. Es ist kaum bemerkenswert, daß sie nicht beantwortet wurden. Seltsam hingegen ist, daß man sie selten stellt. Weder Laien noch Fachleute fragen nach dem Sinn unseres wirtschaftlichen Strebens und nach der Gestalt unserer wirtschaftlichen Zukunft. Manche Wirtschaftswissenschaftler extrapolieren das allgemeine Einkommensniveau und gaukeln uns verführerische Visionen eines allgemeinen Wohlstands vor, der aber gleichwohl von sich aus immer neue Verbesserungen verlangt. Wir sprechen vom Verbrauchswunder und stellen uns dabei vor, daß es immer größere Ausmaße annehmen werde, ohne daß sich ihm jemals ein anderes Wunder hinzugesellt – das Wunder voller materieller Zufriedenheit.

Das einzige Buch, das in den letzten Jahren dadurch berühmt geworden ist, daß es viele unserer heutigen wirtschaftlichen Anstrengungen in Frage stellt, ist J. K. Galbraiths »The Affluent Society«. Sein Einfluß auf das Denken von heute steht jedoch in keinem Verhältnis zu seiner Berühmtheit. Zumindest die Nationalökonomen scheinen von Galbraiths Thesen völlig unbeeindruckt zu sein. Der Grund dafür ist wahrscheinlich, daß Galbraiths Argumentation sich mehr auf Intuition und Aversionen stützt als auf ein analytisches Modell. Bei Leuten vom Fach gilt seine Arbeit als eine subjektive Meinungsäußerung, gut lesbar und daher gut verkäuflich. Wie wenig ergiebig in der Folge die Diskussion über die Wohlstandsprobleme war, geht deutlich aus drei Artikeln hervor, in denen ein bekannter Wirtschaftswissenschaftler, Harry G. Johnson, versucht hat, sich mit Galbraiths wichtigem Buch auseinanderzusetzen. Johnson zergliedert zunächst, was eigentlich als Anregung zu weiterem Denken gedacht ist, und gelangt dann zu folgender eleganter und für die herkömmliche Denkweise tröstlicher Schlußfolgerung: »Die von mir vorgelegte Erörterung befaßt sich mit dem durch künstlich geschaffene Bedürfnisse erzeugten Wohlstandsproblem und führt zu dem tröstlichen Ergebnis, daß die Tatsache einer künstlichen Schaffung von Bedürfnissen die Annahme, daß eine Zunahme des Sozialeinkommens eine Zunahme des Wohlstands mit sich bringt, nicht entkräftet[78].«

Die Futurologie ist heute sehr in Mode – und das zu Recht. Dies sollte vermuten lassen, daß man einer Analyse der wirtschaftlichen Zukunft eingehendere Aufmerksamkeit schenkt und sich nicht mit oberflächlichen Extrapolationen begnügt. Warum ist dies nicht der Fall? Der Hauptgrund muß sein, daß die von der Wirtschaftswissenschaft entwickelten analytischen Instrumente für die Schaffung eines eschatologischen Denksystems auf diesem Gebiet ungeeignet sind. Unsere analytischen Möglichkeiten erlauben uns lediglich, eine allgemeine Zunahme des Wohlstands ohne irgendwelche innere Spannungen zu sehen. Es kann auch sein, daß der notwendige analytische Rahmen nicht geschaffen worden ist, weil man bisher nicht bereit war, Gedanken den Weg zu bahnen, die zu dem Schluß führen könnten, daß der wirtschaftliche Fortschritt gerade durch seinen Erfolg die Notwendigkeit seiner Fortdauer beseitigt. Der Fortschrittsgedanke – der heute wirtschaftlichen und technischen Fortschritt bedeutet – ist, wie J. Bury schreibt, »die belebende und kontrollierende Idee der westlichen Zivilisation«[79]. Um uns gegen eventuelle traumatische Reflexionen zu schützen, meiden wir Gedanken, die uns vielleicht zu dem Eingeständnis zwingen, daß solcher Fortschritt ein zeitlich begrenztes Mittel und kein ewiges Ziel ist. Man fragt nicht nach dem Wert technischer Errungenschaften, auch wenn sie selbstmörderisch sind. Wie sollen wir dann erwarten können, daß der Wert eines viel weniger gefährlichen Prozesses wie des Wirtschaftswachstums in Frage gestellt wird? Wir haben uns dafür zu sehr für den Fortschritt engagiert.

Eine Theorie der Zeitverteilung bietet in jedem Fall neue Ausgangspunkte für die künftige Wirtschaftsforschung und für die Beschäftigung mit der wirtschaftlichen Zukunft.

Die Visionen eines allgemeinen Wohlstands sind nicht nur deshalb interessant, weil sie keine Diskussion über ihre eigenen Folgen ausgelöst haben; sie sind auch wegen ihrer analytischen Unzulänglichkeit bemerkenswert. Die Vorhersagen von Wirtschaftsfachleuten führen in die Irre, weil sie sich nur darauf beziehen, wie sich eine einzige Art von Mitteln entwickeln wird. Eine Zeitverteilungstheorie eröffnet neue Perspektiven. Sie lenkt nämlich die Aufmerksamkeit auch darauf, wie sich das relative Zeitangebot als Folge des Wachstums verändert. Wie wir wissen, ist nicht allein das absolute Angebot einer einzigen Art von Mitteln wichtig; das *Verhältnis* zwischen den beiden wichtigsten Mitteln im Verbrauchsprozeß – Zeit und Güter – beeinflußt ebenfalls den Charakter der Entwicklung. Um das Hauptthema dieser Studie zu wiederholen: Wohlstand und Knappheit sind relative Begriffe. Wirtschaftliches Wachstum erzeugt nicht in jeder Hinsicht Wohlstand. Der Wohlstand ist ein partieller.

Zunehmender Wohlstand in Form eines wachsenden Verbrauchsgütervolumens bewirkt keine unproblematische Steigerung des Wohlbefindens. Daß Reichtum keine Garantie für Glück darstellt, ist ja nicht neu. Neu ist aber vielleicht die Entdeckung eines Mechanismus, der folgendes bewirkt: Ein wachsendes Verbrauchsvolumen führt schon an sich zu einer Anzahl innerer Widersprüche, die sich auf unsere endgültige Beurteilung der Ergebnisse unseres Wachstumsstrebens auswirken werden.

Wenn sich in der Dekadenzperiode die Bemühungen um wirtschaftliches Wachstum beschleunigen, machen sich die folgenden Erscheinungen immer deutlicher bemerkbar. In welch starkem Maße man ihnen Aufmerksamkeit schenkt, bleibt jedem selbst überlassen. Aber wir werden zumindest genötigt sein, über ihre Bedeutung nachzudenken.

a) Das Lebenstempo wird immer hektischer, was sich darin ausdrückt, daß man mit der knapper werdenden Zeit sorgfältig hauszuhalten versucht.

b) Die Gütermenge wird expandieren, was große Zeitansprüche in Form von Unterhalts- und Wartungsarbeiten stellt, die nicht leicht zu mechanisieren sind. Dies wird trotz einer Verringerung im Unterhalt pro Einzelgut eintreten.

c) Da der Wohlstand nur partiell ist, werden die Belastungen für diejenigen zunehmen, deren Wohlergehen nicht primär reichliche Güter, sondern die knappe Zeit ihrer Mitmenschen erfordert.

Fehlten zu Beginn der Wachstumsperiode den alten Leuten Bett und Brot, so wird ihnen gegen Ende der Wachstumsperiode die Pflege fehlen.

d) Es wird eine merkwürdige Kombination auftreten: Einerseits wird es zu einer zunehmenden Hinwendung zu Gütern im allgemeinen und andererseits, infolge niedrigeren Nutzungsgrades und raschen Umsatzes, zu einer zunehmenden Gleichgültigkeit gegenüber jedem einzelnen Gut kommen.

e) Es sinkt die Konkurrenzfähigkeit der Zeit, die der Kultivierung von Geist und Seele gewidmet ist, und der Zeit für bestimmte körperliche Freuden. *Dolce far niente.*

f) Der Einkommensnutzen wird abnehmen, ohne daß eine Sättigung der Bedürfnisse eintritt; um den materiellen Wohlstand noch mehr steigern zu können, widmet man weiteren wirtschaftlichen Fortschritten erhöhte Aufmerksamkeit.

g) Um des wirtschaftlichen Fortschritts willen wird in verstärktem Maße Wert auf rationales wirtschaftliches Handeln und Verhalten gelegt, aber aus demselben Grund nimmt die Zahl schlecht durchdachter Entscheidungen zu.

h) Es kommt zu einer neuen Form wirtschaftlicher »Unfreiheit«, die nicht von einem Kampf ums wirtschaftliche Überleben, sondern von einer Wachstumsbesessenheit gekennzeichnet ist. Diese Wachstumsbesessenheit zwingt uns, um der wirtschaftlichen Wachstumsraten willen, unsere wirtschaftlichen Mittel, einschließlich der Zeit selbst, auf destruktive Weise zu verteilen – mit der Folge, daß wir die natürlichen Grundlagen unseres Lebens, wie Luft, Wasser, die Schönheit der Natur und unser eigenes Erbgut, vernichten.

Eine zweite Revolution zunehmender Erwartungen

Die unterentwickelte Welt und ihre traditionellen Lebensformen werden gegenwärtig von einer »Revolution zunehmender Erwartungen« in den Grundfesten erschüttert. Diese Revolution wurde ausgelöst durch die Erkenntnis ihrer Führer, daß ihre materielle Armut nicht notwendig ist. Wir sollten die stolzen Ergebnisse des Wirtschaftsaufschwungs nicht verächtlich machen, der die heute wohlhabenden Länder weit über das Existenzminimum hinausgeführt hat. Doch wir dürfen uns die Frage stellen, ob nicht eines Tages das Bewußtsein der Folgen zunehmender, durch anhaltendes Wirtschaftswachstum verursachter Zeitknappheit eine neue

Art Revolution zunehmender Erwartungen ausgelöst wird. Gewiß, der ständige Kampf ums nackte Dasein gilt heute als eine entwürdigende Lebensform. Aber vielleicht erkennt man eines Tages auch, daß ständiger Zeitdruck zu einer ebenso unwürdigen Lebensform führt.

Es gibt heute schon eine ganze Anzahl von Nonkonformisten, die die Wertbegriffe der »Konsumgesellschaft« ablehnen. In seinem Buch »The Other America« beschäftigt sich Michael Harrington auch mit den Intellektuellen, die sich freiwillig in Armut begeben. »Sie nehmen die Armut in Kauf, weil sie ihnen eine gewisse Freiheit gibt. Sie lehnen, wie es ein Schriftsteller glänzend formuliert hat, die Arbeitswelt ab, weil sie ihnen keine Zeit läßt ... vielleicht ist es noch wesentlicher, daß es in unserer Wohlstandsgesellschaft Menschen gibt, die dazu getrieben werden, lieber die Armut zu wählen, als sich der Trostlosigkeit eines leeren Überflusses zu ergeben[80].«

Wie es – wenn überhaupt – zu dieser zweiten Revolution zunehmender Erwartungen kommen und wie diese neue Gesellschaft aussehen wird, das läßt sich nur mutmaßen. Ihr wichtigster Wesenszug muß jedoch darin bestehen, daß ein Gesinnungswandel beim einzelnen notwendig ist, nicht so sehr eine Veränderung des politischen Gesellschaftssystems. Die Herrschaft des Verbrauchs läßt sich nicht kollektiv durch politischen Druck beseitigen. Eine Gesellschaft, die der Dekadenz des Wachstums den Rücken kehrt, kann nur von einer Summe von Individuen gebildet werden, die sich individuell gewandelt haben. In Aldous Huxleys Buch »Island«, in dem er eine bessere Ordnung der Dinge zu entwerfen versucht, haben die Menschen sich entschlossen, ihre Gesellschaft im Bewußtsein des Konflikts aufzubauen, der zwischen den ständigen Bemühungen, das wirtschaftliche Wachstum – gemessen am Gütervolumen – zu steigern, und den Bestrebungen besteht, ein »Leben vor dem Tod« zu schaffen.

... »Während wir«, sagt Dr. Roberts, »stets bestrebt gewesen sind, unsere Wirtschaft und Technik nach den Menschen auszurichten – nicht unsere Menschen nach der Wirtschaft und Technik anderer. Wir importieren, was wir nicht selbst erzeugen können; aber wir erzeugen und importieren nur, was wir uns leisten können. Und was wir uns leisten können, wird nicht nur von unserem Besitz an Pfund und Mark und Dollar bestimmt, sondern auch und vor allem (vor allem sagte er mit Nachdruck) von unserem Wunsch, glücklich zu sein, unserem Streben, ganz Mensch zu werden.« ...[81]

Die utopische Literatur, die einem Zeitalter Führung geben wollte, ist heute so gut wie ausgestorben. Utopien gelten als wirklichkeitsfremd und sinnlos – ungeeignet, die Interessen des Wirtschaftswachstums zu fördern, dem wir uns verpflichtet haben. Und doch brauchen wir von der Utopie Inspiration und Orientierung, um all unserem Fortschritt einen Sinn zu geben.

Quellen

[1] M. Quoist, »Prayers of Life«, Dublin und Melbourne, 1966, S. 76.

[2] W. Kerr, »The Decline of Pleasure«, New York, 1965, S. 39.

[3] D. M. Potter, »People of Plenty«, Chicago und London, 1954.

[4] J. Cohen, »Subjective Time« in J. T. Fraser (Hrsg.), »The Voices of Time«, New York, 1966, S. 271.

[5] G. C. Winston, »An International Comparison of Income and Hours of Work« in »Review of Economics and Statistics«, Februar 1966, S. 28.

[6] J. M. Henderson und R. E. Quandt, »Microeconomic Theory«, New York und Tokio, 1958, S. 9.

[7] R. F. Harrod in »Problems of United States Economic Development«, Bd. 1, Januar 1958, S. 207 ff.

[8] J. Mincer, »Market Prices, Opportunity Costs, and Income Effects« in »Measurement in Economics. Studies in Mathematical Economics and Econometrics in Memory of Yehuda Grunfeld«, Stanford, 1963.

[9] G. S. Becker, »A Theory of the Allocation of Time« in »Economic Journal«, September 1965, S. 493 ff.

[10] Thorstein Veblen, »The Theory of the Leisure Class«, New York, 1899.

[11] John Cohen, »Subjective Time« in J. T. Fraser (Hrsg.), »The Voices of Time«, S. 272.

[12] Ida Craven, Artikel über »Freizeit« in »Encyclopaedia of the Social Sciences«, New York, 1933, S. 403.

[13] Margaret Mead (Hrsg.), »Cultural Patterns and Technical Change«, Paris, 1953, S. 75 u. 179 f.

[14] E. T. Hall, »The Silent Language«, New York, 1959, S. 26.

[15] E. E. Evans-Pritchard, »The Nuer: A Description of the Modes of Livelihood and Political Institutions of a Nilotic People«, Oxford, 1940, S. 103.

[16] Vilhelm Moberg, »Svensk sommar« in »Året i Norden«, Stockholm, 1962, S. 16.

[17] Robert J. Smith, »Japan: The Later Years of Life and The Concept of Time« in Kleemeier (Hrsg.), »Aging and Leisure«, S. 95 ff.

[18] Margaret Mead, a. a. O., S. 90 ff.

[19] Walter Kerr, a. a. O., S. 40.

[20] George Woodcock, »The Tyranny of the Clock« in »Politics Magazine«, Oktober 1944.

[21] J. R. Seeley, R. A. Sim und E. W. Loosley, »Crestwood Heights«, New York, 1963, S. 63 ff.

[22] Bertrand Russell, »Lob des Müßiggangs«, Frankfurt–Wien, 1962.

[23] C. E. M. Joad, »Diogenes; or, The Future of Leisure« (in der Reihe »Today and Tomorrow«), London, 1928, S. 19.

[24] Arthur Lewis, »Economic Development with Unlimited Supplies of Labour« in »The Manchester School«, Mai 1954.

[25] Tibor Scitovsky, »What Price Economic Progress?« in seinem Buch »Papers on Welfare and Growth«, London 1964.

[26] H. V. Routh, »Money, Morals and Manners as Revealed in Modern Literature«, London, 1935, S. 67.

[27] Victor Fuchs, »Productivity Trends in the Goods and Service Sectors, 1929–61: A Preliminary Survey«, New York, 1964, und »The Growing Importance of the Service Industries«, New York, 1965.

[28] J. N. Morgan, I. A. Sirageldin und N. Baerwaldt, »Productive Americans«, Ann Arbor, 1966, S. 111 f.

[29] W. J. Baumol, »Macroeconomics of Unbalanced Growth: The Anatomy of Urban Crisis« in »American Economic Review«, Juni 1967, S. 415 ff.

[30] V. W. Bladen in »Proceedings of the Ninth Annual Meeting of the Industrial Relations Research Associations«, Cleveland, 28./29. Dez. 1956, S. 223.

[31] Arnold J. Toynbee, »Change and Habit«, New York und London, 1966, S. 220.

[32] Godfrey M. Lebhar, »The Use of Time«, New York, 1958.

[33] Morris Ernst, »Utopia 1976«, New York, 1955, S. 14.

[34] Michael Harrington, »The Other America«, Baltimore, 1963, S. 12.

[35] Victor Fuchs, »The Contribution of Health Services to the American Economy« in »Milbank Memorial Fund Quarterly«, Okt. 1966, S. 81.

[36] William Whyte, »The Organization Man«, Harmondsworth, 1960, S. 140.

[37] J. K. Galbraith, »The Affluent Society«, London, 1958.

[38] W. Baumol, »The Transactions Demand for Cash: An Inventory Theoretic Approach« in »Quarterly Journal of Economics«, November 1952, S. 545 ff.

[39] W. C. Mitchell, »The Backward Art of Spending Money and Other Essays«, New York, 1937, S. 11.

[40] Th. Veblen, »The Place of Science in Modern Civilization«, New York, 1961 (Neuabdruck).

[41] G. Stigler, »The Economics of Information« in »Journal of Political Economy«, Juni 1961, S. 224.

[42] J. Mincer, »Market Prices« in »Measurement in Economics«, S. 79 ff.

[43] C. J. West, »Results of Two Years of Study into Impulse Buying« in »The Journal of Marketing«, Januar 1951, S. 362 f.

[44] Über die du-Pont-Untersuchung berichtet Hawkins Stern, »The Significance of Impulse Buying Today« in »Journal of Marketing«, April 1962, S. 59 ff.

[45] G. Katona und E. Mueller, »A Study of Purchase Decisions« in Lincoln H. Clark (Hrsg.), »Consumer Behavior«, New York, 1955, Zitat S. 79.

[46] F. Ölander, »The Influence of Price on the Consumer's Evaluation of Products and Purchases«, Stockholm, 1966, S. 28.

[47] J. A. Howard, »Marketing Management«, rev. Ausg., Homewood, 1963, S. 93.

[48] G. Katona, »The Mass Consumption Society«, New York, 1964, S. 296.

[49] D. Masters, »The Intelligent Buyer and the Telltale Seller«, New York, 1966, S. 73.

[50] W. C. Mitchell, a. a. O.

[51] H. Söderberg, »Doktor Glas«, Stockholm, 1949, S. 111.

[52] S. de Grazia, »Of Time, Work, and Leisure«, New York, 1962, S. 342.

[53] W. Lloyd Warner und James C. Abegglen, »Successful Wives of Successful Executives« in »Harvard Business Review«, März/April 1956, S. 65.

[54] D. Riesman, »The Lonely Crowd«, New Haven und London, 1961, S. 147.

[55] W. Kerr, a. a. O., S. 136.

[56] E. Fromm, »The Art of Loving«, New York, 1963, S. 92.

[57] Aus einem Interview mit Alberto Moravia in »La Tribune de Genève«, 9./10. September 1967.

[58] T. Scitovsky, »What Price Economic Progress?« in seinem Buch »Papers on Welfare and Growth«, London, 1964, S. 209.

[59] A. Huxley, »Along the Road«, London, 1925, S. 234 f.

[60] W. J. Baumol und W. G. Bowen, »Performing Arts: The Economic Dilemma«, New York, 1966, S. 75 f.

[61] Harald Swedner bereitet eine ähnliche Untersuchung vor.

[62] E. W. Martin, »The Standard of Living in 1860«, Chicago, 1942, S. 357 f.

[63] Sir Herbert Read, »Atrophied Muscles and Empty Art« in Nigel Calder (Hrsg.), »The World in 1984«, Bd. 2, Harmondworth, 1965, S. 92.

[64] G. Katona, »The Mass Consumption Society«, New York, 1964, S. 66f.

[65] Ch. Y. Glock und R. Stark, »Religion and Society in Tension«, Chicago, 1965, Kap. 4.

[66] W. W. Schroeder und V. Obenhaus, »Religion in American Culture«, New York, 1964, S. 43.

[67] J. R. Seeley, R. A. Sim und E. W. Loosley, a. a. O., S. 65f.

[68] J. O. Wallin, »Tidens värde« in »Samlade Vitterhets-arbeten«, Stockholm, 1863, S. 190.

[69] J. M. Keynes, »Economic Possibilities for Our Grandchildren« in seinen »Essays in Persuasion«, London, 1931, S. 372.

[70] J. St. Mill, »Principles of Political Economy«, London, 1909, Buch IV, Kap. VI: 2.

[71] Siehe J. K. Galbraith, a. a. O., Kapitel 10 und 11.

[72] R. F. Harrod, »Problems of United States Economic Development«, Bd. 1, 1958, S. 207ff.

[73] Neuabdruck in »Readings in the Economics of Taxation«, Homewood, 1959.

[74] W. Bagehot, »Economic Studies«, 7. Auflage, London, 1908, S. 202.

[75] M. Abramovitz, »Economic Growth in the United States« in »American Economic Review«, September 1962, S. 762.

[76] J. M. Keynes, »The General Theory of Employment, Interest and Money«, S. 374.

[77] Th. Carlyle, »Past and Present«, 2. Auflage, London, 1845, S. 208.

[78] Harry G. Johnson, »The Consumer and Madison Avenue« in »Current Economic Comment«, August 1960, S. 9.

[79] J. Bury, im Vorwort zu seinem Buch »The Idea of Progress«, London, 1924.

[80] M. Harrington, »The Other America«, S. 87f.

[81] A. Huxley, »Island«, London, 1962, S. 141.

Register

„In diesem Buch soll demonstriert werden, mit welchem Recht die christlichen Kirchen sich auf einen Jesus berufen, den es nicht gibt, auf Lehren, die er nicht gelehrt, auf eine Vollmacht, die er nicht erteilt, und auf eine Gottessohnschaft, die er selbst nicht für möglich gehalten und nicht beansprucht hat."

Rudolf Augstein

28 DM

Fischer Taschenbuch Verlag

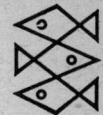

Wirtschaftswissen/ Geographie.

Fischer Taschenbuch Verlag

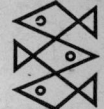

Chemie — Biologie — Medizin

Fischer
Taschenbuch
Verlag

Das Fischer Lexikon.
Enzyklopädie des Wissens.

Das Fischer Lexikon umfaßt in 36 selbständigen Einzelbänden und vier Sonderbänden das Wissen unserer Zeit nach dem letzten Stand der Forschung. Jeder Band besteht aus einer allgemeinen Einleitung in das betreffende Wissensgebiet, den alphabetisch angeordneten enzyklopädischen Artikeln mit den entsprechenden Stichwörtern (die in einem Register am Ende des Bandes lexikalisch auffindbar sind) und einer ausführlichen Bibliographie. In fast allen Bänden zahlreiche Abbildungen.